AF454686

ACTE II, SCÈNE XVII.

PAUL ET PAULINE,

COMÉDIE-VAUDEVILLE EN DEUX ACTES,

Par MM. Duvert et Lauzanne;

REPRÉSENTÉE POUR LA PREMIÈRE FOIS A PARIS, SUR LE THÉATRE DU PALAIS-ROYAL, LE 5 JUIN 1837.

PERSONNAGES.	ACTEURS.	PERSONNAGES.	ACTEURS.
RICHARD, chef de bataillon en retraite.	M. Leménil.	PAUL DE RÉNAC, petit-fils de Mme de Rénac.	Mlle Pernon.
LÉON DE L'ÉCLUSE, ami de Paul.	M. Faugère.	PAULINE DE RÉNAC, petite-fille de Mme de Rénac. . . .	
BERTRAND, domestique de Mme de Rénac.	M. Alcide-Tousez.	HYACINTHE DE L'ÉCLUSE, sœur de Léon.	Mlle Clarisse.
Mme DE RÉNAC, cousine de Richard.	Mme Théodore.	MARGUERITE, femme de chambre d'Hyacinthe.	Mlle Joséphine.

La scène se passe en province, chez Mme de Rénac, en 1815. Le premier acte, au commencement des Cent-Jours. Le deuxième acte, quelques jours après la deuxième Restauration.

Nota. Les acteurs sont placés au commencement de chaque scène comme ils doivent l'être sur le théâtre; le premier inscrit tient en scène la gauche du spectateur, etc. Les changemens sont indiqués par des notes. Toutes les indications sont données de la salle.

ACTE PREMIER.

Le théâtre représente un jardin clos au fond par une grille. Au fond, au-delà de la grille, une colline. Au premier plan, à droite, la maison de Mme de Rénac. A gauche, un pavillon. Au second plan, à gauche, un mur de clôture qui règne depuis le pavillon jusqu'à la grille. Dans ce mur, une petite porte de jardin. Une chaise en bois, de chaque côté du théâtre.

SCENE PREMIERE.

PAUL, *au fond. Il porte l'uniforme de l'école polytechnique.*

Au lever du rideau on entend un coup de fusil, puis un cri de douleur. Aussitôt après Paul accourt par le côté gauche extérieur, il se tient le bras gauche en signe de douleur. La grille est ouverte; il fait petit jour.

Oh là, là ! je suis touché..... Le dia-ble soit des aventures!..... Dieu! que ça me cuit!...... (*Paul s'est avancé.*) Quelle fatalité!.. tout est contre moi. N'osant me déclarer à notre jolie voisine, mademoiselle Hyacinthe de l'Écluse, qui est si imposante et si bien élevée, j'essaie, pour me rapprocher d'elle, de faire la cour à Marguerite, sa femme de chambre : quoi de plus naturel!... (*Il fait jour.*) Le malheur veut qu'en quittant cette petite fille tout-à-l'heure, je rencontre, au détour d'une allée, qui? Mlle de l'Ecluse elle-même.... Elle s'imagine que c'est pour elle que j'ai escaladé les murs du parc... Voyez la fatuité des femmes! Impossible de la détromper.... Elle m'accuse de la compromettre, m'accable de reproches..... lorsqu'un bruit de pas se fait entendre. Je me sauve et je reçois... ceci... Voilà qui est cuisant.... et elle m'a repoussé avec une dureté... ah! Hyacinthe, Hyacinthe!.. Je la déteste.... c'est-à-dire... non, je l'aime toujours; mais je ne le lui dirai jamais, et ce sera ma vengeance.

RICHARD, *appelant de la maison.* Paul! Bertrand!...

PAUL. On vient... je me sauve...

Il entre vivement dans le pavillon, dont il ferme la porte en jetant un petit cri de douleur.

SCENE II.

Mme DE RÉNAC, RICHARD, *sortant de la maison. Il porte la croix d'officier de la Légion-d'Honneur.*

RICHARD, *entrant le premier.* Paul!.... Bertrand!... Personne?

Mme DE RÉNAC. C'est pourtant bien de ce côté qu'est partie la détonation.

RICHARD. Après tout, pourquoi nous inquiéter?.. (*Riant.*) C'est sans doute quelque espiéglerie de ce mauvais sujet de Paul. Vous le savez, il n'est heureux que quand il a son fusil à la main... Il fera son chemin, cet enfant-là!

Mme DE RÉNAC. Ah! Richard, voilà justement ce qui me fait trembler. Depuis quelque temps, son caractère bouillant et emporté ne lui laisse pas un moment de repos... toujours des idées de gloire, de combats...

RICHARD. Et vous vous plaignez? Votre mari a gagné tous ses grades sur le champ de bataille; la considération qu'il a attachée à son nom rejaillit encore sur sa famille..... (*Avec enthousiasme.*) Oh! la guerre... il n'y a rien de si beau!

Mme DE RÉNAC. Oui, mon mari, M. de Rénac, périt à Arcole; mon fils, le père de mes deux petits-enfans, mourut à la Moskowa. Je ne suis pas payée pour avoir des sympathies militaires, Richard!... et quand je n'ai plus de consolation que dans mon Paul et dans sa sœur, je ne veux pas jeter la moitié de ma fortune au hasard des batailles.

RICHARD, *avec bonheur.* Le fait est qu'ils sont charmans tous deux..... et puis ils se ressemblent au point qu'on les prendrait l'un pour l'autre.

Mme DE RÉNAC, *de même.* Ma Pauline, avec son petit air éveillé, est aussi espiègle que son frère.

RICHARD. Ils sont de la même taille.

Mme DE RÉNAC. Ah! quant à ça, vous vous trompez.

RICHARD. Ah! j'ai des yeux.

Mme DE RÉNAC. Et moi aussi...

RICHARD.

AIR : *Restez, restez, troupe jolie.*

Nous commençons bien la journée.:.

Mme DE RÉNAC.
Je soutiens que Paul est moins grand;
Comme Pauline est son aînée,
Que Paul est plus jeune d'un an,
Cela n'a rien de surprenant.

RICHARD.
Vous avez beau me chercher noise,
A mon tour je vous soutiens, moi,
Qu'ils sont égaux devant la toise
Comme ils le sont devant la loi.

Vous croyez Paul plus petit, parce que c'est un garçon. Habillez en femme le plus chétif voltigeur, je perds un quartier de ma retraite, s'il n'a pas l'air de la plus grande vivandière....

Mme DE RÉNAC. N'importe, mon bon Richard, mon cœur ne fera jamais de différence entre eux.

RICHARD. J'en suis persuadé..... mais revenons à notre conversation de tout-à-l'heure : Paul est sorti de l'école polytechnique, il s'agit de le caser... Ah! cousine, si vous n'aviez pas les idées que vous avez!...

Mme DE RÉNAC. Richard, avez-vous de l'amitié pour moi?

RICHARD. Corbleu! vous me le demandez!

Mme DE RÉNAC, *d'un ton bien pénétré.* Eh bien! je mourrai de douleur si mon Paul est soldat.

RICHARD, *à part, avec compassion.* Pauvre femme!.. c'est juste... (*Haut.*) Allons, allons, voyons... je ne veux pas vous affliger... Paul ne sera pas soldat, puisqu'il n'y a pas moyen de vous faire entendre raison .. et quant à son avenir, j'ai écrit à Paris à un ami sûr, le baron de Costel, auditeur au conseil d'état; je lui ai dit: Voyez, soit dans les ponts et chaussées, soit dans les finances, soit dans l'administration...

Mme DE RÉNAC, *avec reconnaissance.* Et vous ne m'en aviez pas parlé!

RICHARD, *brusquement.* Parce que je suis honteux de faire de Paul un gratte-papier.

Vous me faites faire tout ce que vous voulez.

Mme DE RÉNAC, *lui prenant la main.* Merci, merci, mon vieil ami !

RICHARD. Oui, remerciez-moi, car je vous fais la plus pénible concession, en renonçant à pousser ce drôle-là dans une carrière où il eût fait son chemin, maintenant surtout que ce débarquement inattendu de l'empereur... (*s'animant.*) cette arrivée miraculeuse à Paris... Oh ! quand cet homme-là veut quelque chose...

Mme DE RÉNAC. Oui, une belle équipée !

RICHARD. Vous avez vu, comme il l'a dit, l'aigle voler de clocher en clocher jusqu'aux tours de Notre-Dame. Vous avez vu l'enthousiasme du peuple saluer, il y a huit jours, sa rentrée aux Tuileries... Ah ! quel homme !

Mme DE RÉNAC. Richard, je ne veux pas non plus vous faire de peine, et je ne blâme pas votre exaltation...

RICHARD. C'est une manière détournée de me dire que vous ne la partagez pas... ultrà !

Mme DE RÉNAC, *souriant.* Je vous avoue, Richard...

RICHARD, *avec humeur.* Brisons là... corbleu ! en politique les femmes ne comptent pas.

SCENE III.

Mme DE RÉNAC, BERTRAND, *sortant de la maison. Il a une veste de petite livrée ; le reste de son costume est un peu paysan.* RICHARD.

BERTRAND, *se tenant à distance.* Ah ! pardon ! si j'avais su que monsieur et madame étaient en dispute...

RICHARD, *brusquement.* Comment en dispute ?... et qui vous a dit, monsieur Bertrand ?...

Mme de Rénac va s'asseoir à gauche, elle fait de la tapisserie.

BERTRAND. C'est que j'avais entendu M. le commandant dire un juron, et quand M. le commandant dit des jurons... parce que nous avons des personnes, quand elles disent corbleu...

RICHARD. Monsieur Bertrand, vous êtes un bavard !

BERTRAND, *s'avançant.* Mon commandant, c'est possible. Ça vient de ce que ma mère, trois semaines avant ma naissance, a eu un procès. Elle a été au tribunal et elle a attrapé un regard d'un avocat. Ça m'est resté... je parlais à sept mois. Nous avons des personnes...

Mme DE RÉNAC. Où est Paul ? que fait Pauline ?

BERTRAND. Mlle Pauline est, je crois, à sa toilette de voyage, vu qu'elle part ce matin, à ce que je crois tout du moins.... *Tant qu'à* M. Paul, il n'est pas encore levé.

RICHARD. Pas encore levé à l'heure qu'il est ! un élève de l'école polytechnique !

BERTRAND. C'est-à-dire que je ne l'ai pas encore vu. Si madame voulait me permettre, je lui demanderais une petite permission.

Mme DE RÉNAC. Laquelle ?

BERTRAND. Ça serait d'aller passer un instant ici près, au château de M. de l'Écluse.

Mme DE RÉNAC. Si matin !.. Pourquoi faire ?

BERTRAND. Ah ! c'est que madame sait bien que M. de l'Écluse... ah ! il est bien aimable.... un bien gentil jeune homme !

RICHARD, *ironiquement.* Et tu vas lui faire une visite ?

BERTRAND, *riant niaisement.* Oh ! oh !... monsieur le commandant... non !.. mais M. de l'Écluse a sa sœur... Encore une bien brave demoiselle, Mlle Jacynthe, et moulée, moulée !...

RICHARD, *s'impatientant.* Vas-tu au fait, maudit perroquet !

BERTRAND. Et Mlle de l'Ecluse a une femme de chambre de dix-huit ans, moulée aussi, qui est célibataire, et moi qui suis dans la même passe, il se trouve que quand j'ai un petit moment, je vas au château de M. et Mlle de l'Ecluse, pour parler un petit peu avec Marguerite.

RICHARD. Ah ! tu es amoureux de Marguerite ?..

BERTRAND, *riant.* Oui, mon commandant... (*Il se frotte les mains.*) C'est ma bonne amie.

RICHARD. Et tu veux te marier, toi ?...

BERTRAND. C'est dans mes idées ; nous avons des personnes...

RICHARD. Imbécile, et pourquoi veux-tu te marier ?

BERTRAND. Oh ! voyez-vous, c'est que je crains d'être gobé.... v'là l'empereur revenu, bon... je l'adore, mais gare aux garçons... j'ai été relâché dans les temps comme *inepte* au service, je suis délibéré; mais il n'a qu'à lui reprendre un revenez-y...

RICHARD. Mais tu es donc poltron comme la lune ?

BERTRAND. Je ne la connais pas assez pour vous dire si....

RICHARD. Il faut que tu t'engages, tu n'as que cela à faire.

BERTRAND, *vivement*. Moi, prendre un fusil ?

Air *de l'Apothicaire*.

Cet objet-là m'inspir' l'effroi,
Quand j'en aperçois un, je tremble,
Je déclar' qu'un fusil et moi
Nous ne pourrions pas vivre ensemble,
Oui, pour cet ignoble instrument
J'éprouve une aversion si grave...
Voyez-vous, c'est absolument :
La canne à sucre et la bett'rave.

RICHARD, *indigné*. Et c'est un français, ça!..

BERTRAND, *tranquillement*. Né à Grisy, près de Brie-Comte-Robert, département...

RICHARD, *brusquement*. Tais-toi! ce n'est donc pas toi, capon, qui as tiré ce coup de feu que nous avons entendu tout-à-l'heure?

BERTRAND. Département de Seine-et-Marne.

RICHARD. Qu'est-ce que c'était que ce coup de feu?

BERTRAND. Ni moi non plus.

RICHARD. C'est bien ! laisse-nous!..

Mme DE RÉNAC, *bas à Bertrand*. Laissez-nous, Bertrand, mon cousin est brusque, mais il est bon... il a ses idées.

BERTRAND, *riant niaisement*. Oh ! je connais le commandant, nous avons des personnes qui sont *vifs*, ça ne fait rien, ça ne fait rien.

RICHARD. Va-t'en !

Il sort par le fond et se dirige à gauche.

SCENE IV.

Mme DE RÉNAC, RICHARD.

RICHARD, *va prendre une chaise à droite, et tout en causant vient s'asseoir auprès de Mme de Rénac*. Ah çà ! maintenant que l'avenir de Paul est à peu près arrêté, parlons un peu de sa sœur, de ma petite protégée... Que signifient ces préparatifs de départ que je viens d'apercevoir?.. est-ce que vous consentiriez vraiment à laisser partir Pauline?

Mme DE RÉNAC. Oh! pour quelques semaines seulement... je n'ai pu refuser cette faveur à sa tante maternelle ; mais je reste, moi !

RICHARD. Eh bien! il ne manquerait plus que ça... (*Avec bonté.*) Ecoutez, cousine, voulez-vous faire quelque chose qui me soit bien agréable, une bonne action dont vous vous applaudirez et qui me fera prendre en patience l'absence de Pauline ?

Mme DE RÉNAC. Quoi donc?..

RICHARD. Vous êtes brouillée depuis des années avec la tante de vos petits enfans...

Mme DE RÉNAC. Et à bon droit.

RICHARD. Profitez du départ de Pauline pour ramener l'union dans la famille, écrivez-lui un mot d'amitié...

Mme DE RÉNAC. Certes, je ne romprai pas le silence que nous gardons depuis dix ans.

RICHARD. Dix ans!.. songez donc que c'est presque aussi long que le siége de Troie.

Mme DE RÉNAC. N'importe! elle a essayé dans d'autres temps de m'aliéner le cœur de mon fils, je ne puis l'oublier. Elle est la tante de Pauline, je lui envoie sa nièce, je le dois ; je n'ai jamais compris les haines héréditaires; mais je n'irai pas au-delà.

RICHARD, *se levant et remettant avec humeur sa chaise où il l'a prise*. Ventrebleu! que les femmes sont ingénieuses!... elles ont des moyens de nous faire enrager à tout âge.

Mme de Rénac se lève.

SCENE V.

Mme DE RÉNAC, PAUL, *sortant vivement du pavillon, un journal à la main ; il va droit à Richard, et ne voit pas Mme de Rénac*, RICHARD.

PAUL. Que viens-je de lire?.. ah ! mon parrain, quelle entreprise !.... partir de l'île d'Elbe avec une poignée de braves, tromper la vigilance de la croisière, aborder en France et ranimer tout un peuple, électriser une armée par ce seul mot : C'est votre général !

Richard fait un mouvement de joie; Mme de Rénac donne des signes d'impatience.

Mme DE RÉNAC, *à part*. Encore sa tête qui se monte!..

RICHARD, *réprimant sa joie, à Paul*. Je voudrais bien savoir, monsieur, pourquoi vous vous avisez de dire de pareilles choses devant votre grand' mère?

PAUL. Ah! pardon, bonne maman, j'ignorais que vous pussiez m'entendre, et ma foi, je suis si content...

Air *d'Antoine*.

Gloire et combats, vous allez revenir !
Notre pays renaît à l'espérance...
En évoquant un noble souvenir,
Napoléon a reveillé la France.
Si la victoire a guidé son vaisseau, (*bis.*)
C'est qu'elle avait reconnu son drapeau.

Mme DE RÉNAC. Ah ! voilà bien les jeunes têtes, se réjouir d'un événement qui va nécessiter une nouvelle levée de conscrits... Tu voudrais donc me quitter... m'abandonner?.. et pourquoi? pour courir après la gloire!.. après une chimère!..

PAUL *et* RICHARD. Une chimère!

Richard reprend le ton sérieux.

PAUL, *avec exaltation.* Voyez mon parrain, il a une belle épaulette de chef de bataillon, une belle croix d'officier de la Légion d'honneur...

RICHARD, *ironiquement.* Oui.... et des blessures...

PAUL, *plus exalté.* Des blessures magnifiques!... des douleurs superbes!... oh ! c'est beau d'être chef de bataillon !

RICHARD, *sévèrement.* Voulez-vous vous taire, monsieur... (*A part, avec joie.*) Tout le caractère de son père !... il est gentil, cet enfant-là, il est gentil!

Mme DE RÉNAC, *à Paul.* Tu sais bien que tu n'es pas destiné à l'état militaire...

PAUL, *tristement.* J'obéirai, grand' maman.

RICHARD, *le grondant.* Et tu feras bien, et tu ne feras que ton devoir... hum !

Mme DE RÉNAC, *l'embrassant avec effusion.* Cher enfant, oui, je compte sur toi, toujours !... allons, donne-moi le bras... je veux voir si tous les préparatifs de Pauline sont terminés.

PAUL. Oui, je vous accompagne, grand' maman, je ne l'ai pas encore embrassée ce matin. (*Il se retourne et donne le bras gauche à Mme de Rénac, il le retire tout-à-coup en jetant un cri, présentant l'autre bras.*) L'autre, grand' maman, j'aime mieux cela.

Mme DE RÉNAC. Tu as donc mal au bras ?

PAUL. Oh! rien du tout, je me suis heurté le coude... (*A part.*) Maudit butor ! mais il ne faut rien dire... Marguerite serait chassée.

ENSEMBLE.

AIR *de la Tarentelle de la Muette.*

PAUL.

De votre vieillesse
Je suis le soutien ;
Sur mon bras sans cesse
Appuyez-vous bien !
Car toujours, grand' mère,
Ainsi qu'aujourd'hui,
Ce bras, je l'espère,
Sera votre appui.

Mme DE RÉNAC.

Oui, de ma vieillesse
Reste le soutien ;
Ta douce tendresse,
C'est là tout mon bien.
Oui, de ta grand' mère,

Ainsi qu'aujourd'hui,
Ce bras, je l'espère,
Restera l'appui.

RICHARD.

De votre vieillesse
Il est le soutien ;
Sur son bras sans cesse
Appuyez-vous bien.
Oui toujours, grand' mère,
Ainsi qu'aujourd'hui,
Ce bras, je l'espère,
Sera votre appui.

Paul et Mme de Rénac entrent dans la maison.

SCENE VI.
RICHARD, *puis* BERTRAND.

RICHARD, *d'abord seul, regardant madame de Rénac qui s'éloigne.* Excellente femme! Oh ! sans doute, elle mourrait d'effroi si elle savait Paul en face de l'ennemi. Les femmes! ce n'est réellement bon qu'en temps de paix, sauf les cantinières.

BERTRAND, *venant du dehors, à gauche, et accourant tout joyeux.* Je l'ai vue, commandant, je l'ai vue !

RICHARD. Qui ?...

BERTRAND. Marguerite ! Marguerite, ma bonne amie, elle avait l'air tout drôle; c'est son père qui a tiré le coup de fusil.

RICHARD. Son père ?

BERTRAND. Oui, son père, le père Baquoy, jardinier de M. et mademoiselle de l'Écluse. Marguerite m'a dit si je savais sur qui ; ma foi, non, que je lui ai répondu ; mais il sera facile à reconnaître, vu que le fusil était chargé à sel et que le père Baquoy est assez sûr de son coup.

RICHARD. Ah c'est...? (*A part.*) comment, est-ce que...?

BERTRAND. Sur quoi, ma bonne amie m'a tarabusté, et elle m'a laissé là ; mais quoique ça, ça la chagrinait. C'est l'humanité ; elle est si sensible! elle ne tordrait pas le cou à *un moniau!* à *un moniau,* elle ne lui tordrait point le cou.

RICHARD. Mais quelle diable d'histoire viens-tu me conter là ?... (*A part et tout-à-coup.*) Parbleu, il serait curieux que ce coup de fusil.... il faudra voir !

BERTRAND. Ça ne vous intéresse pas ; mais moi, ça m'intéresse, vous n'êtes pas aimé de Marguerite, moi si ! mais c'est le père qui est dur, la mère est pour moi.

RICHARD. Quel est ce papier que tu tiens là ?

BERTRAND. Tiens! moi qui oubliais... C'est une lettre pour vous, que le facteur vient de me remettre.

RICHARD. Donne donc , infernal bavard !

BERTRAND, *avec sentiment.* Ah! commandant, quand le cœur est pris, la tête est bien peu de chose !

RICHARD. Laisse-moi !

BERTRAND. Je m'en vas..... si le père Baquoy était la mère Baquoy !...Ah!....

Il pousse un gros soupir et sort par le fond à gauche.

SCENE VII.
RICHARD , *seul ouvrant la lettre.*

De Costel ! Lisons ! (*Il va voir à la porte de la maison, et revient avec empressement.*) « Paris, 25 mars 1815. Mon cher » commandant, je quitte l'empereur à » l'instant, et j'ai saisi au passage l'occa- » sion de lui parler de notre jeune homme. » Au nom de Rénac, l'empereur me dit » vivement, avec ce ton que vous lui « connaissez : Est-ce le fils du colonel de » Rénac, tué à la Moskowa à côté de » Montbrun ? Oui, sire , lui répondis-je, » et de plus, expulsé l'an dernier de l'é- » cole polytechnique comme appartenant » à une famille bonapartiste. L'empereur » sourit et ajouta : Que le fils Rénac me » soit présenté, je me charge (*avec in- » quiétude jusqu'à la fin de la lettre*) de son » avancement. Ainsi donc, mon ami, que » ce jeune homme fasse lestement son » porte-manteau et arrive sans retard; » tout à vous. Baron COSTEL. » De son avancement! en voici bien d'une autre ! Il n'est pas probable que Napoléon ait l'intention de pousser Paul du côté de la théologie..... Il va l'envoyer à l'armée, c'est clair !... Que faire, grand Dieu ! comment faire entendre raison à madame de Rénac?... Ah ! mon Dieu! ah ! mon Dieu !...

Il marche avec anxiété, et se trouve à droite.

SCENE VIII.
PAUL , RICHARD.

Richard se promène avec agitation; Paul sort de la maison à droite.

PAUL, *sans voir Richard.* Tout est prêt... Pauline n'attend que l'heure du départ...

RICHARD , *à lui-même, avec humeur.* Ah! je donnerais un mois de ma solde pour pouvoir chercher querelle à quelqu'un.

PAUL, *apercevant Richard.* Eh bien ! qu'y a-t-il donc?...

RICHARD , *lui prenant le bras vivement.* Il y a, il y a.....

PAUL, *vivement.* Ah! vous me faites mal !...

RICHARD , *après l'avoir regardé.* Ah ! ah ! ce n'est donc pas encore fondu ?

PAUL , *étonné.* Fondu ?

RICHARD. Oui , ce grain de sel que nous avons reçu ce matin?...

PAUL, *vivement, à part.* C'était du sel !.. C'est donc ça que ça me pique tant !

RICHARD, *avec reproche.* Comment , monsieur, vous êtes-vous exposé à être blessé ainsi ?

PAUL. Parrain , en grimpant à un espalier.....

RICHARD , *de même.* Et pourquoi, s'il vous plaît, vous livriez-vous à cette gymnastique de lézard ?

PAUL, *avec embarras.* C'était... dam!...

RICHARD , *plus animé.* C'était..... je le sais..... moi !... Comment, monsieur, il y a un mois vous courtisiez la petite Marie ; depuis on vous a vu embrassant Louison, et maintenant vous ne craignez pas de compromettre mademoiselle de l'Ecluse, la sœur de votre ami... vous êtes un vaurien !

PAUL , *vivement.* Parrain !...

RICHARD. Un vaurien ! On ne se joue pas ainsi de l'honneur des familles !

PAUL. Vous vous trompez , parrain. Je respecte trop mademoiselle Hyacinthe pour jamais la compromettre... et... afin que vous n'en doutiez pas , je vous avouerai que c'est... que c'est pour Marguerite que j'ai été atteint.

RICHARD. La prétendue de Bertrand ? Trois passions?..

PAUL , *gaîment.* Parrain , je n'ai pas cru mal faire, en marchant sur vos traces.

RICHARD , *à part.* Que le diable l'emporte ! (*Haut.*) C'est bien de ça qu'il s'agit... je suis dans un embarras..... (*avec reproche*) et pour vous !...

PAUL. Quoi donc?

RICHARD, *très-animé.* Quoi !... quoi! tenez ! lisez ça. (*Il donne la lettre à Paul, et va s'asseoir à droite.*) Que faire! mon Dieu ? que faire ?

PAUL, *après avoir lu, avec explosion de joie.* Dieu! il serait possible ! l'empereur a parlé de moi...il se charge de mon avancement... Soldat! je serai soldat! (*Allant à Richard, en sautant de joie.*) Ah ! parrain, quel bonheur !

RICHARD, *se levant.* Comment, drôle, tu vois la peine où je suis, et tu as l'infamie de te réjouir !....

PAUL. Eh bien ?

RICHARD. Et votre grand'mère qui vous aime, qui vous chérit, qui ne respire que pour vous, monsieur, que deviendra-t-elle si vous partez ?...

PAUL, *gaîment.* Parrain , il y a un raisonnement bien simple à lui faire... Ma sœur lui reste...

Air *de Turenne.*

Ma sœur est douce, elle est gentille, aimable ;
C'est un cœur d'ange, un esprit de lutin ;
Tandis que moi je suis un sac à diable,
Bon, tout au plus, à donner du chagrin.
  Et si le sort fait que je meure,
Ma grand' maman ne perdra presque rien,
Puisque des deux parts de son bien
Elle aura gardé la meilleure.

RICHARD. C'est vrai !... mais elle ne serait pas convaincue... elle tomberait malade, et le chagrin la tuerait.

PAUL, *s'arrêtant tout-à-coup, et avec ame.* Oh ! parrain, plutôt renoncer à tous mes rêves d'avenir et de gloire que de lui coûter une larme..... pauvre bonne grand' mère... oh ! non, non, je n'irai pas à Paris.

RICHARD, *lui pressant la main.* C'est bien... c'est très-bien, enfant !... très-bien ! (*Après un silence.*) Mais l'empereur ?..

PAUL. C'est vrai, l'empereur !

RICHARD, *s'animant.* Il ordonne que tu partes... Refuser de prendre les armes quand l'ennemi est à nos portes !

PAUL, *de même.* C'est impossible !

RICHARD, *plus fort.* Impossible !

PAUL, *de même.* Ce serait une lâcheté !

RICHARD, *plus fort.* C'est presque une désertion... c'est se déshonorer !.. il faut partir !..

PAUL, *avec exaltation.* Et je me distinguerai, parrain.

RICHARD, *avec enthousiasme.* Et tu te distingueras, oui !

PAUL. Je me battrai comme un lion.

RICHARD. Oui, et tu reviendras (*avec enthousiasme*) avec la croix !

PAUL, *de même.* Avec la croix !.. oh ! la croix, quel bonheur !

RICHARD, *qui est redevenu pensif.* Oui, mais grand' maman ?..

PAUL, *tristement.* Ah ! oui... grand' maman...

RICHARD. Il faut rester.

PAUL. Eh bien ! oui, mais l'empereur...

RICHARD, *avec humeur.* C'est juste, l'empereur... (*Avec force.*) Tu ne peux pas te dispenser de partir.

PAUL, *désolé.* Partir et rester en même temps...

RICHARD, *remontant.* Ah ! corbleu, corbleu !..

PAUL. Ah ! ventrebleu ! sacrebleu !.. *

RICHARD. Ah ! voilà M. de l'Ecluse et sa sœur.

PAUL, *à part.* Hyacinthe !.. je ne veux pas la voir, après notre entrevue de ce matin dans le parc, je ne veux pas lui parler.

Il fait un mouvement pour sortir.

* Richard, Paul.

RICHARD. Eh bien ! tu me laisses là ?..

PAUL. Oui, parrain... je vais mettre les paquets de Pauline dans le cabriolet.

RICHARD. Tu n'as rien imaginé... qu'allons-nous faire ?

PAUL., *avec résolution.* Si j'étais le maître, allez, je sais bien ce que je ferais...

RICHARD. Quoi ?

PAUL, *pleurant à moit'é.* Je pleurerais, mais je n'ose pas !..

RICHARD, *avec reproche.* Et tu veux être soldat ?

PAUL, *avec colère et en frappant du pied.* Puisque je ne le suis pas, sacristi !

Il entre dans la maison, à droite.

RICHARD, *seul un instant, avec humeur.* Nous voilà bien avancés !.. j'ai eu une heureuse idée d'écrire à cet imbécile de Costel !..

SCENE IX.

LÉON, HYACINTHE, RICHARD, *puis* BERTRAND.

Ils entrent par le fond, à gauche.

LÉON. Je présente mes civilités au commandant Richard.

RICHARD. Ah ! bonjour, monsieur de l'Ecluse... (*A Hyacinthe.*) Mademoiselle...

Richard s'éloigne avec préoccupation.

BERTRAND, *entrant*. Mon commandant, M. et Mlle de l'Ecluse désireraient avoir celui de vous voir, peuvent-ils entrer ?

RICHARD. Imbécile, puisque les voilà !

BERTRAND, *les apercevant.* Ah ! c'est vrai ! Mon commandant, c'est que je me suis amusé à folâtrer avec Marguerite, elle me tirait les cheveux, et... quand je suis occupé à folâtrer avec ma bonne amie, ah ! mon commandant, ça me donne des idées bien légères... mais ils m'ont dit de les annoncer, je vas les annoncer... (*Il remonte un peu, criant.*) M. et Mlle de l'Ecluse !

HYACINTHE, *riant.* Ah ! ah ! je crois ce garçon un peu timbré.

RICHARD **. Non, il a toujours été comme ça... il n'est qu'imbécile... (*A Léon et à Hyacinthe.*) Vous venez recevoir les adieux de Pauline... c'est fort aimable à vous... (*Richard prend la main d'Hyacinthe et va se diriger vers la maison, lorsqu'il aperçoit Bertrand qui est resté pensif et qui se gratte le derrière de la tête brusquement.* Te voilà encore là, toi !

* Léon, Hyacinthe, Bertrand, Richard.
** Léon, Hyacinthe, Richard, Bertrand.

BERTRAND. Oui, mon commandant.

RICHARD, *de même*. Tu n'as donc pas entendu que M. Léon et Mlle Hyacinthe désirent voir Pauline?

BERTRAND. Non, mon commandant.

RICHARD, *se fâchant*. Mais alors qu'est-ce que tu fais là, à te frotter l'occiput?

BERTRAND, *qui n'a pas compris*. S'il vous plaît?

RICHARD, *plus fâché*. Qu'est-ce que tu fais là à te frotter la tête?

BERTRAND. Je pensais à Marguerite, mon commandant; je me disais cette chose : un jeune homme qui a une bonne amie, qui s'en vient derrière lui et qui lui tire les cheveux qu'il peut avoir, est-ce que ça doit faire rire sur le moment?

RICHARD, *se tournant vers Hyacinthe*. Allons, encore une bêtise!

BERTRAND. C'est ce que je lui ai observé; après ça, vous me direz : c'te fille m'adore, elle est bien aise d'avoir de mes cheveux ; elle craint que je ne lui en refuse ; et dont voilà la raison du motif pour lequel qu'elle m'a sauté sur ma nuque, s'il vous plaît, comme quand on veut monter à cheval... je ne lui en veux pas.

RICHARD, *le repoussant*. Animal, t'en iras-tu ?

BERTRAND, *revenant à Hyacinthe**. Je ne lui en veux pas... c'est par amour, je ne la *crimine* pas.

RICHARD, *le repoussant*. Vas-tu laisser mademoiselle tranquille ?.. on n'a jamais vu...

BERTRAND, *revenant, à Léon***. Monsieur de l'Ecluse, j'en appelle...

RICHARD. Va-t'en, ou je te...

BERTRAND. Laissez-moi consulter M. de l'Ecluse, qui connaît les usages de la société... Monsieur de l'Ecluse, je vous demande cette permission.

Richard donne des signes d'impatience et parle bas à Hyacinthe.

AIR : *Il me faudra quitter l'empire.*

On pardonn' bien des chos's à sa maîtresse,
Mais à c' moyen si Margu'rite a recours,
J' n'en aurai plus d'quoi faire un' pauvre tresse;
Les ch'veux humains, ça ne r'pouss' pas toujours,
J' n'en aurai plus pour coiffer mes vieux jours
Je sais qu' souvent la passion extravague,
Et qu'entre amans c'est un' chose qui s'fait,
C'est un larcin que l'amour se permet;
Mais on en prend de quoi mettr' dans un' bague,
On n'en prend pas d'quoi faire un faux toupet.

LÉON. C'est bien, c'est bien, Bertrand, annoncez-nous.

* Léon, Hyacinthe, Bertrand, Richard.
** Léon, Bertrand, Hyacinthe, Richard.

BERTRAND, *à part*. J'étais bien aise de savoir l'opinion de ce jeune homme... (*Haut.*) Ah ! voilà Mlle Pauline... (*Annonçant.*) M. et Mlle de l'Ecluse !

Il entre dans la maison, après que Pauline a paru.

SCENE X.
LÉON, HYACINTHE, PAULINE, RICHARD.

Pauline vient de la maison ; elle a une robe blanche un peu décolletée ; elle est coiffée d'un chapeau de paille couvert d'un voile ; elle porte pour chaussure des brodequins-bottines qui doivent simuler des bottes sous le costume de Paul. Il est très-important que l'actrice chargée de représenter le double personnage de Paul et de Pauline prenne bien les allures d'un jeune garçon vif et bouillant, lorsque c'est Paul qui est en scène, et qu'elle observe avec soin la retenue d'une jeune fille lorsque c'est Pauline qui agit.

PAULINE. Hyacinthe, te voilà... oh ! tu es bien aimable d'être venue avant mon départ... (*A Léon.*) Monsieur Léon, je suis votre servante.

Léon la salue,

HYACINTHE. Ma bonne Pauline, c'est donc ce matin que tu nous quittes?

PAULINE. Pour deux mois, ma bonne amie.

LÉON, *à part, avec chagrin* Deux mois!

PAULINE.
AIR *de la robe et des bottes.*

Oui, pour deux mois, et j'en suis désolée,
Pour deux grands mois, je vais quitter ce lieu !
Et toi, tu viens à la pauvre exilée,
    Tu viens apporter ton adieu !
En attendant mon retour qui, je pense,
Selon ton gré viendra toujours trop tard,
J'aurai du moins, pour embellir l'absence,
Le souvenir du baiser du départ.

(*Gaîment.*) Eh bien! monsieur Léon, qu'avez-vous donc ? vous ne me dites rien ?

LÉON. Mademoiselle...

PAULINE, *gaîment*. Vous avez l'air encore plus grave qu'à l'ordinaire.... il ne vous manque qu'une toge et un bonnet de juge, pour avoir l'aspect du plus profond magistrat.

LÉON, *à part*. Toujours de la raillerie!.. osez donc vous déclarer à une pareille femme !

PAULINE, *à Léon et à Hyacinthe*. Mais j'oubliais... étourdie que je suis, ma bonne maman vient d'apprendre votre arrivée, elle me charge de vous prier de passer chez elle... Tout-à-l'heure, elle me faisait juge d'une discussion qu'elle a eue ce matin avec mon cousin Richard... elle croyait Paul plus petit que moi.

RICHARD, *qui est toujours préoccupé de la lettre de Costel.* J'avais raison, je le savais bien.

LÉON, *timidement.* Oui, mais mademoiselle... est... mieux...

HYACINTHE, *à part.* Je ne trouve pas, moi.

PAULINE, *gaîment à Léon.* On a bien du mal à vous arracher un pauvre petit compliment.

RICHARD, *se frappant violemment sur le front.* Oh! mille tremblemens!

PAULINE. Quoi donc? vous m'avez effrayée...

RICHARD, *avec exaltation.* La pie au nid, je l'ai trouvée, la pie, la pie... la vraie pie!..

PAULINE, *riant.* Qu'est-ce que c'est donc que cette précieuse pie?

RICHARD. Rien, rien... (*Vivement à Léon et à Hyacinthe.*)* Pardon, pardon, mes amis... vous avez entendu, Mme de Rénac est impatiente de vous voir... et moi, j'aurais... quelques mots à dire à Pauline.

LÉON. Nous vous laissons, monsieur Richard.

RICHARD.

AIR *du Hussard de Felsheim.*

A Hyacinthe.
Prenez le bras de votre frère
Et rejoignez la grand'maman.
A Pauline.
Et toi reste en ces lieux, ma chère;
Car nous avons à causer un moment.

ENSEMBLE.

Prenez le bras de votre frère, etc.
PAULINE, *à Hyacinthe.*
Eh bien! prends le bras de ton frère,
Et va trouver ma grand'maman.
Moi, je reste en ces lieux, ma chère,
Je vous rejoins dans un moment.
LÉON *et* HYACINTHE.
Quel est donc, quel est donc ce mystère?
Il paraît joyeux, et vraiment
Je ne sais ce qu'il prétend faire;
Nous le saurons dans un moment.

Hyacinthe et Léon entrent dans la maison.

SCENE XI.
RICHARD, PAULINE.

RICHARD. Je conçois un projet qui est colossal.

PAULINE. A propos de quoi?

RICHARD. Es-tu une petite fille résolue, as-tu du cœur? es-tu ce qui s'appelle, sacrebleu, une gaillarde?

PAULINE. Mais... cela dépend, si c'est quelque chose de dangereux, je ne suis pas gaillarde du tout d'abord.

Léon, Hyacinthe, Richard, Pauline.

RICHARD, *très-vite.* Aimes-tu ta grand'maman? aimes-tu ton frère? m'aimes-tu? vite!

PAULINE. Vous me faites tant de questions à la fois...

RICHARD. Je vais au fait... tu as mis quelquefois les habits de ton frère?

PAULINE. Oui, eh bien?

RICHARD. Il faut les mettre encore..... sans rien dire à grand'maman, et lui faire accroire que Paul est resté ici.

PAULINE. Mais Paul ne part pas?

RICHARD. Paul part!

PAULINE. Mais comment voulez-vous?.. moi je m'en vais...

RICHARD. Tu ne t'en vas pas!

PAULINE. Mais ma tante qui m'attend?

RICHARD. Tu lui écriras qu'une indisposition, une entorse, une fluxion de poitrine, la première maladie venue t'empêche de la rejoindre... et tout sera dit.

PAULINE. Mais si grand'maman apprend...

RICHARD. Elles sont brouillées, pas de danger qu'elles s'écrivent.

PAULINE. Mais dans quel but cette mascarade?

RICHARD. Je te dis que c'est un projet colossal.

PAULINE. Et pour combien de temps?

RICHARD. Le temps juste qu'il faut à Paul pour aller à Paris, avoir une audience de l'empereur, obtenir une place dans le civil, et revenir.

PAULINE. Mais, mon Dieu! mon cousin, cela peut durer huit jours, et ses habits me gênent...

RICHARD. Comment ferais-tu si tu étais soldat?.. crois-tu qu'on prenne mesure à tout le monde?.. Veux-tu, oui, ou non?... il y va du salut de ta grand'maman, un projet colossal.

PAULINE. Pour l'extravagance, c'est possible.

RICHARD. Sois tranquille, je réponds de tout.

PAULINE. Allons, s'il le faut absolument; mais en vérité... je ne sais plus où j'en suis.

RICHARD, *avec importance.* Motus!.. ah! diable! motus!.. Paul, toi et moi dans la confidence, pas plus!..

PAULINE. Oui, mon cousin, mais...

RICHARD. Silence!.. on vient!

SCENE XII.

BERTRAND, *sortant de la maison,* **RICHARD, PAULINE.**

Bertrand apporte un schall, il s'avance lentement et sans rien dire.

RICHARD, *à Bertrand, avec explosion de mauvaise humeur.* Quoi?.. a-t-il l'air bête, cet animal-là!.. Que veux-tu?

BERTRAND, *qui est resté stupéfait de l'accueil de Richard.* C'est que je viens de voir ma bonne amie.

RICHARD. Eh bien! tu lui as pris son schall?.. c'est bien spirituel!

BERTRAND. Non, mon commandant, c'est le schall de mademoiselle, que madame lui envoie... (*Pauline prend le schall et le met*) vu qu'elle dit comme ça, qu'il est l'heure de partir, vu que la déligence part à une heure, et qu'il ne faut pas être en retard... parce que nous avons des déligences... qui partent des fois...

PAULINE. Partir déjà! (*Bas à Richard.*) Mon cousin, avez-vous prévenu Paul?

RICHARD. Non, tu t'en charges. (*Se tournant vers Bertrand.*) Où est Paul?

BERTRAND. M. Paul?.. il est auprès du cabriolet, avec ma bonne amie, ils jabottent toutes les *deuce*.

Il se frotte les mains d'un air satisfait.

RICHARD, *à Pauline.* Viens, je vais t'expliquer tout ça...

PAULINE, *en sortant.* Il le faut bien, car en vérité, mon cousin...

Ils sortent en causant, Richard lui donne ses instructions. Ils disparaissent par une issue qui est ménagée à droite, entre la maison et la grille.

SCENE XIII.

BERTRAND, *seul.*

C'est un brave jeune homme que M. Paul; il a de l'égard pour Marguerite, et ça me flatte; tout-à-l'heure, j'entendais qu'il lui disait : *N'aye* pas peur, je t'assure qu'on ne sait rien... Il la *tutoye*... pas fier, lui... eh! mon Dieu, il parle à Marguerite comme si elle serait son égale... et c'est rare, parce que nous avons des personnes.. même il l'embrasse des fois... je l'ai vu l'autre jour, que même Marguerite en était rouge comme une écrevisse.... (*Après une pause, il dit avec importance :*) cuite, cuite!.. et avec moi pas fier non plus, il m'appelle son ami... il ne m'a jamais embrassé, par exemple... j'en suis fâché... (*appuyant.*) si!.. j'en suis fâché... (*Il remonte la scène, et regarde dehors au-dessus de la maison à droite.*) Tiens, qu'est-ce qu'ils ont donc, lui et Mlle de l'Ecluse?.. ils ont passé l'un auprès de l'autre, et ils se regardaient.... en chiens de faïence, comme on dit.... (*On entend le bruit d'une voiture.*) Ah! v'là mademoiselle qui s'en va... (*A la cantonnade.*) Bon voyage, Mlle Pauline, à vous revoir!.. V'là M. de l'Ecluse qui emmène sa sœur... ont-ils l'air triste!.. oh! quel triste air qu'ils ont... et madame qui pleure... ah! v'là mon commandant qui la fait rentrer... tiens, il pleure aussi!.. oh! un vieux d'Egypte... ah! non, c'est qu'il se mouche... Ah! je vois Marguerite.... (*avec émotion comique*) elle vient par ici..., O Dieu! quand elle s'approche de moi, je m'en vas, je déménage, ça me tourne au cœur... ce que c'est que l'amour!

SCENE XIV.

BERTRAND, MARGUERITE.

BERTRAND. Oh! Marguerite! oh! Marguerite!..

MARGUERITE, *accourant.* Bertrand! Bertrand! Mme de Rénac vous demande.

BERTRAND, *la retenant.* Marguerite!

MARGUERITE. Non, non, je suis pressée, laissez-moi tranquille...

BERTRAND. Marguerite, que je te dise une chose!

Ils descendent la scène.

MARGUERITE. Quoi?

BERTRAND, *avec beaucoup d'émotion.* Une fois ton mari, Marguerite, je serai aux petits *choins*, je ne peux dire que ça, je serai aux petits *choins*.

MARGUERITE. Aux petits soins, vous voulez dire?

BERTRAND. Eh bien! qu'est-ce que j'ai dit?

MARGUERITE. Vous dites aux petits *choins*.

BERTRAND. Marguerite, c'est une erreur... le cœur n'y est pour rien... que je t'embrasse, et tout sera dit.

MARGUERITE, *se débattant.* Non, je ne veux pas.

BERTRAND. Si, si...

MARGUERITE. Ah bien, oui!

Elle lui donne un soufflet et se sauve.

BERTRAND, *jetant un cri.* Oh! j'en ai vu trente-six... (*Il se frotte la joue.*) Nous avons des personnes qui tapent... plus légèrement.... (*Avec sentiment.*) Quand sera-t-elle mon épouse? Oh! le père Baquoy! le père Baquoy!

Il reste au fond; il a l'air pensif.

SCENE XV.

BERTRAND, RICHARD, *arrivant par la droite, d'un air mystérieux et avec joie.*

RICHARD. Allons, allons, tout va bien, les voilà partis..... Le cabriolet est en route ; Paul et sa sœur vont faire le tour du parc. J'ai éloigné tout le monde ; je n'ai plus que cet imbécile à consigner ; et dans un instant nos jeunes gens vont rentrer par la petite porte du jardin (*il l'indique à gauche*). (*A Bertrand avec beaucoup de brusquerie.*) Eh bien ! paresseux, tu restes là quand Mme de Rénac a besoin de toi !

BERTRAND, *descendant la scène.* Ah ! mon commandant... vous avez l'air de bonne humeur... Il y a quelque chose qui m'intrigue beaucoup depuis quatre jours ; j'y pense continuellement.

RICHARD. Quoi ?

BERTRAND. Mon commandant, si c'est un effet de votre bonté, quel âge donc que vous avez ? sans vous commander.

RICHARD. Quel diable d'intérêt prends-tu à mon âge ? J'ai cinquante-sept ans.

BERTRAND, *très-surpris.* Que ça ?

RICHARD, *le repoussant avec force.* Ah çà ! animal, j'ai donc l'air d'un octogénaire à présent ?

BERTRAND. Non, mon commandant ; mais c'est que l'autre jour, à dîner, vous disiez à madame que vous aviez reçu la croix à l'époque de la création.

RICHARD. Eh bien ?

BERTRAND. J'ai demandé au père Baquoy ce que c'était que la création : il m'a dit que c'était Adam et Eve, le serpent et tout ce qui s'en suit.

RICHARD, *avec emportement en le poussant par les épaules.* Imbécile ! va-t'en, va-t'en, tu ne peux pas ouvrir la bouche sans dire une balourdise.

BERTRAND *.* Je m'en vas, mon commandant.

RICHARD. Et dès que tu auras fait ce que Mme de Rénac t'aura ordonné, retiens bien ceci...

BERTRAND. Oui, mon commandant.

RICHARD. Tu resteras dans l'antichambre, tu n'en bougeras pas que je ne t'appelle.

BERTRAND. Oui, mon commandant.

RICHARD. Tu entends ?

BERTRAND. Oui, mon commandant.

RICHARD. Va-t'en !...

* Richard, Bertrand.

BERTRAND. Oui, mon commandant. (*A part en sortant.*) Il cache son âge, cet homme-là.... c'est une grande faiblesse qu'il a.

Il entre dans la maison dont il ferme la porte.

SCENE XVI.

RICHARD, *seul.*

Tout en parlant il va à la porte du jardin à gauche, il l'ouvre.

Maintenant que j'ai éloigné tous les éclaireurs, nous pouvons manœuvrer en sûreté. (*L'orchestre exécute en sourdine un tremolo qui doit s'enchaîner avec le final.*) Les voici, bon ! (*A Paul.*) Eh bien ?

SCENE XVII.

PAUL, RICHARD, *puis* PAULINE.

PAUL, *entrant seul.* Oh ! vous avez eu une idée délicieuse, parrain, j'ai laissé le cabriolet à deux cents pas d'ici et nous voilà. (*Il va à la porte du jardin et amène Pauline, qui a exactement le même costume qu'à sa dernière sortie ; elle a seulement abaissé son voile. — Pour la représentation, il est indispensable que la figurante qui est chargée de représenter ici Pauline ait la même taille que l'actrice qui remplit ce rôle.*) (*A Pauline.*) Vite, Pauline, entre dans le pavillon.

Pauline entre dans le pavillon ; Paul la suit.

RICHARD. Et lestement, lestement ! l'ennemi peut venir, la charge précipitée ?.. Je suis en védette.

Il marche d'un air inquiet devant la maison.

PAUL, *ôtant son uniforme et le jetant au fond du pavillon.* Tiens, Pauline, voilà mon uniforme... Tu trouveras tout ce qu'il te faut dans la commode. Je vais mettre cette redingote ; c'est assez pour la route. (*Il endosse une capotte bleue d'uniforme à boutons de métal ; le collet et les paremens sont de la même couleur que la capotte. Il vient en vue du public.*) Là ! c'est ça.... et bien enveloppé dans ce manteau... (*Il apporte aussi un chapeau d'uniforme. Le manteau doit être bleu ; la doublure et le collet sont rouges. Richard l'aide à s'arranger.*) Je puis rejoindre le cabriolet ; du diable si on me reconnaît maintenant !.. Adieu, Pauline ! adieu, ma petite sœur, adieu !

Il disparaît un instant pour embrasser sa sœur.

RICHARD. Allons, allons, dépêchons ; vite, vite! (*A Paul qui rentre.*) Tiens, garçon... (*il lui remet une bourse*) voilà pour tes dépenses imprévues... En descendant de voiture, cours chez Costel, rue Cérutti, n° 3. Qu'il sollicite une audience de l'empereur ; parle à Napoléon, parle-lui ferme... Montre-lui, sacrebleu! que tu es un homme.

PAUL, *ému et se dirigeant vers la maison.* Oui, parrain *.

RICHARD, *à part.* Pauvre enfant! ça me fait de la peine, mais enfin... (*Allant à Paul.*) Eh bien! qu'est-ce que c'est? où vas-tu donc?

PAUL. C'est que je n'ai pas embrassé grand'mère.

RICHARD. Nous nous en chargerons, sois tranquille.

PAUL. Vrai?.. Eh bien! je pars content. (*A part, tristement.*) Et cette pauvre Hyacinthe, que dira-t-elle?

RICHARD. Maintenant embrasse-moi.... (*Il l'embrasse.*) Bon voyage! et reviens vite.

FINAL.

AIR *nouveau de M. Guené.*

PAUL.

Adieu, parrain! encor!
Il l'embrasse.

RICHARD.

Adieu, garçon!
Et ne va pas trembler devant Napoléon.

ENSEMBLE.

Allons, allons, du cœur,
Et pas d'enfantillage!
Il faut avec courage
Parler à l'empereur.

PAUL.

Oui, oui, j'aurai du cœur,
Le motif m'encourage,
Je veux avec courage
Parler à l'empereur.

Paul sort par la porte du jardin à gauche, Richard le reconduit.

PAUL. Adieu, parrain!

RICHARD. Adieu, garçon, adieu !

Il ferme la porte, et pendant la ritournelle il regarde si personne n'a rien vu, puis il va au pavillon.

SCÈNE XVIII.

PAULINE, *hors de vue dans le pavillon,* RICHARD.

RICHARD.

Pauline, avances-tu? dépêchons! ta toilette
Est-elle bientôt faite?

PAULINE, *hors de vue.*

J'aurais déjà fini...

RICHARD.

Qui donc t'arrête?... eh bien?

PAULINE.

Sans ces malheureuses bretelles...
Auxquelles
Je ne comprends rien...

* Richard, Paul.

RICHARD. (*Parlé.*) Diables de bretelles ! Je ne peux cependant pas l'aider !

SCÈNE XIX.

RICHARD, HYACINTHE, Mme DE RÉNAC, LÉON, *sortant de la maison.*

Mme DE RÉNAC, *à Hyacinthe et à Léon.*

Comment! quand je gémis sur ma Pauline absente,
Vous me quittez aussi, mes bons amis?

RICHARD, *parlé, à Hyacinthe.* Comment! vous nous quittez?

LÉON, *à Mme de Rénac.*

Madame, pardonnez... une affaire importante
A part.
Je veux avant Pauline arriver à Paris !

RICHARD, *à Mme de Rénac, avec un peu de brusquerie.*

A ce départ déjà vous êtes préparée,
De moi, de votre fils, êtes-vous séparée?...

Mme DE RÉNAC, *avec un sentiment d'inquiétude.*
Oui, mon fils, mon cher Paul, pourquoi n'est-il pas là?

SCÈNE XX.

RICHARD, PAULINE, *en uniforme de l'école polytechnique, semblable à celui que portait Paul,* Mme DE RÉNAC, HYACINTHE, LÉON, *puis* BERTRAND.

Pauline sort du pavillon et arrive en courant.

PAULINE.

Grand'maman! grand'maman, me voilà!
Mme de Rénac lui donne un baiser sur le front.

RICHARD, *à part, en regardant Pauline.*

Elle est très-bien, ma foi, comme cela,
Très-bien, très-bien, comme cela.
Pauline consulte des yeux Richard sur son travestissement.

Mme DE RÉNAC.

Ah! pour me consoler du départ de Pauline,
Songe qu'il faut, mon Paul, m'aimer pour deux.

Pauline fait un signe d'assentiment. Mme de Rénac va parler bas à Hyacinthe et à Léon.

SCÈNE XXI.

LES MÊMES, PAUL, *venant de la gauche, en dehors de la grille et gravissant la colline.*

Une autre figurante de la taille de Paul doit le représenter ici; elle a un costume en tout pareil à celui que portait Paul à sa dernière sortie; manteau bleu, doublure et collet rouges, chapeau d'uniforme, posé de façon à ce que la corne soit en avant et masque en partie le visage. Paul s'arrête au milieu de la colline, et fait un signe d'adieu à Pauline qui l'aperçoit.

PAULINE, *à Richard en s'éloignant un peu de* Mme de Rénac.

Regardez donc sur la colline
Paul qui nous fait ses adieux!

RICHARD, *faisant signe à Paul de s'éloigner.*

L'imprudent! si quelqu'un vers lui tournait les yeux!

Paul disparaît. Bertrand vient d'entrer, il sort de la maison, il se place à l'extrême droite.

ENSEMBLE.

RICHARD, PAULINE, BERTRAND.

Allons, la peine est passagère,
Faut-il donc gémir pour cela?
Rassurez-vous, bonne grand'mère,
Bientôt votre enfant reviendra.
    Bonne grand'mère,
    Il reviendra,
    Un sort prospère
    Vous le rendra.

LÉON.

Non, non, Pauline m'est trop chère,
Je ne puis supporter cela,
Ma douleur serait trop amère,
Je pars, mon amour la suivra.

*A M*me *de Rénac.*

Bonne grand'mère, etc.

HYACINTHE.

Oui, oui, je pars avec mon frère,
Mon absence le punira,
Je fuis M. Paul; mais j'espère

Que mon motif, il le saura.

*A M*me *de Rénac.*

Bonne grand'mère, etc.

Mme DE RÉNAC.

Du moins dans ma douleur amère,
Mon Paul ici me restera,
Si je perds la sœur, j'ai le frère,
Et mon Paul me consolera.
    Un sort prospère
    Me la rendra.
    Mon Paul, j'espère,
    Me restera.

Pendant la dernière reprise de l'ensemble, Léon et sa sœur se disposent à partir; Pauline et Mme de Rénac vont rentrer dans la maison. Les personnages sont ainsi placés : Richard à gauche, Hyacinthe et Léon à la grille au fond; ils saluent Mme de Rénac et Richard. Pauline et Mme de Rénac, qui se donnent la main, ont le dos tourné à la maison, et saluent Léon et sa sœur. Bertrand au premier plan, à droite. Après le salut, Richard fait un mouvement pour se diriger vers la maison.

FIN DU PREMIER ACTE.

ACTE DEUXIÈME.

Le théâtre représente un salon vitré au fond, ouvert sur un jardin. Portes à droite et à gauche. Au second plan, à gauche, une fenêtre. A droite, au premier plan, une table et tout ce qu'il faut pour écrire.

SCENE PREMIERE.

PAULINE, *seule, en uniforme, comme à la fin du premier acte; elle entre par le fond, et dit avec le petit air boudeur d'une jeune fille très-contrariée :*

Ah! mon Dieu! mon Dieu! quelle peur je viens d'avoir!.. Ah! si ça continue, je renonce à passer pour mon frère d'abord... je donne ma démission... le commandant qui veut m'emmener à la chasse... et qui devant grand'maman veut me faire tirer un coup de fusil... Il dit que c'est pour pousser à l'illusion... j'ai cru que j'allais me trouver mal... Dieu! qu'il faut avoir de courage quand on est garçon!.. et Paul qui n'écrit pas... voilà trois mois qu'il est parti... qu'il est sous-lieutenant... mais à présent Paul devrait revenir, puisqu'on ne se bat plus et que l'empereur a abdiqué... Si bonne maman savait tout cela... elle qui me croit auprès de ma tante, et qui m'écrit lettre sur lettre, pour me presser de revenir... je fais ici les réponses que le cousin Richard envoie à Paris, pour que le timbre de la poste nous aide de sa complicité... quand tout cela finira-t-il ?.. (*Presque en pleurant.*) Et ces vilains habits qui me gônent... ô mon Dieu! que d'ennuis !..

SCENE II.

PAULINE, BERTRAND, *entrant par le fond et venant de la droite; vivement.*

BERTRAND. Ah! monsieur Paul, vous v'là... ah! mon brave monsieur Paul, je suis bien aise de vous rencontrer.

PAULINE. Que désirez-vous, Bertrand ?

BERTRAND. Monsieur Paul, si c'était un effet de votre complaisance, je voudrais vous faire un cadeau?

PAULINE. A moi?

BERTRAND. Le père Baquoy a reçu des cigales.

PAULINE. Des cigales ?

BERTRAND. Oui, pour piper... des cigales étranges.

PAULINE. Ah! des cigares.

BERTRAND. Dam! je ne sais pas... je lui en ai chippé deux, je vous les apporte parce que je sais que vous aimez cet exercice.

PAULINE. Merci, Bertrand... (*A part, avec un peu d'humeur.*) Il veut me faire fumer, à présent!

BERTRAND. Et puis, je veux voir comment qu'on s'y prend... moi, quand j'essaye, j'en avale, et puis ça me tournille, ça me barbouille, je cours comme un caniche empoisonné, et je prête à rire aux villageois... mais je sais qu'il y a une manière.

PAULINE. Oui, mais plus tard, Bertrand, une autre fois.

BERTRAND, *à part*. Il n'est pas disposé en cet instant... (*Haut.*) N'importe, monsieur Paul, je vous prie toujours d'accepter, parce que j'ai autre chose à vous demander..... Elles sont bonnes, ils sont étranges.

PAULINE, *prenant les cigares que Bertrand lui offre, à part*. Allons, c'est pour m'en débarrasser.

BERTRAND. Monsieur Paul, je n'y tiens plus, je dépéris... je dépéris, je dessèche... je peux vous dire ça, à vous... entre-z-hommes... (*Il lui parle bas.*)

PAULINE, *s'éloignant*. Eh bien! eh bien!

BERTRAND. Et on me compterait les côtes, voilà la vérité, et c'est vous qui en êtes l'auteur.

PAULINE. Moi?

BERTRAND. Oui, vous me faites bien du chagrin! allez, vous n'embrassez plus du tout Marguerite.

PAULINE. Mais jamais, Bertrand...

BERTRAND. Niez-le, je vous ai surpris dix fois dans tous les *racoins* de la maison.

PAULINE, *à part*. Ah! M. Paul... c'est joli!

BERTRAND. C'te fille, ça l'attriste; elle croit que c'est moi qui vous détourne.... (*Avec éclat.*) Moi, grand Dieu!.. je vous demande si c'est probable?.. quand je lui parle, elle ne me répond pas; aussi j'ai eu une idée... c'est de lui écrire une lettre d'amour, et comme je ne sais guère écrire qu'en gros, c'est incommode, il faudrait trop de papier, et je viens me jeter à vos genoux, monsieur Paul, pour que vous me fassiez ce plaisir-là, enfin.

PAULINE. Moi, Bertrand?.. mais... je n'ai jamais écrit de lettres de... de...

BERTRAND, *riant*. Ah ben!... le village en est criblé de vos lettres d'amour.... vous ne pouvez pas me refuser ça...(*Avec sentiment.*) Pour Marguerite... oh! je vous en prie...

PAULINE, *à part, avec embarras*. Je suis dans une jolie position.

BERTRAND. D'ailleurs, je vas vous la dicter... oh! je sais bien ce que j'ai à dire, allez!

PAULINE *, s'asseyant devant la table*. Allons...

BERTRAND. V'là tout ce qu'il faut, plumes, encre-z-et papier.

PAULINE. J'y suis.

BERTRAND, *se grattant le front comme s'il était embarrassé*. Comment est-ce que je

* Bertrand, Pauline.

vas commencer?.. ah!.. Marguerite!... c'est déjà pas mal, ça!

PAULINE. Ma chère Marguerite, cela est plus décent.

BERTRAND, *tranquillement*. Je n'avais jamais regardé ce nom-là comme indécent; mais enfin c'est égal. (*Dictant*) » Ma chère » Marguerite, je mets la main à la plume » pour m'informer de l'état de ta santé, » tant qu'à la mienne, elle est très-bonne.»

PAULINE. Perdez-vous la tête, Bertrand? vous la voyez toute la journée, et vous lui écrivez pour lui demander comment elle se porte?

BERTRAND. Ça ne compte pas, toutes les lettres commencent comme ça.

PAULINE, *souriant*. Mais non, c'est une erreur.

BERTRAND. Je m'en rapporte. (*Dictant.*) « Tu es gentille et très-grassouillette »

PAULINE. Comment! mais on n'écrit pas ces choses-là.

BERTRAND. Je ne peux cependant pas la traiter de maigre, puisque de fait elle a de l'embonpoint.

PAULINE. N'importe, c'est inutile à écrire.

BERTRAND. Faut bien qu'elle save pourquoi je l'aime.

PAULINE. Elle a d'autres qualités, j'imagine?

BERTRAND. O Dieu! si elle en a d'autres? je le crois bien; mais je ne les connais pas.

PAULINE. Allons...

BERTRAND. Ça y est? (*dictant*.) Depuis le » jour du cerisier, je suis tout-t-hors de » moi. »

PAULINE. Comment?

BERTRAND. Elle saura bien ce que ça veut dire; mais je peux vous l'expliquer.
                    Il s'approche.

PAULINE, *vivement*. C'est inutile..

BERTRAND. Ça peut se dire entre-z-'hommes.
                    Il s'accoude sur la table.

PAULINE, *voulant l'empêcher de continuer*. C'est bien, c'est bien...

BERTRAND. C'était un jour que Marguerite cueillait des cerises, elle était dans l'arbre.

PAULINE, *embarrassée*. Oui, oui; c'est assez, Bertrand, c'est assez.

BERTRAND. Elle était dans l'arbre, comme qui dirait une supposition que je serais sur un arbre, et vous, vous arrivez... alors moi qui *es* comme un corbeau sur un arbre perché, je me trouve très-ennuyé...

PAULINE. C'est bien, c'est bien.

BERTRAND. De voir que si près de moi il existe un particulier.

PAULINE. C'est bien, c'est bien!.. dites alors tout simplement que vous l'aimez.

BERTRAND, *après avoir fait un geste d'assentiment.* Je m'en rapporte.

PAULINE, *écrivant.* « Je vous aime. »

BERTRAND. Mais je la tutaye, je la tutaye; je la connais de haute de ça... (*Il indique avec la main une hauteur de deux pieds; dictant.*) « Je t'aime... ta mère vaut mieux » que ton père, étant pour moi... »

PAULINE. Mais c'est inconvenant... Tenez, monsieur Bertrand, laissez-moi écrire, je sais ce que vous voulez dire.

BERTRAND, *après avoir fait un geste d'assentiment.* Je m'en rapporte.

PAULINE, *écrivant en lisant.* « Je vous » aime depuis long-temps, vous le savez. »

BERTRAND. Douze de juin, douze de juin!

PAULINE, *lisant.* « Tout mon bonheur » serait d'obtenir votre main, et si votre » cœur ne me repousse pas, je vais avec » votre aveu m'adresser à M. votre père!»

BERTRAND, *riant.* A M. votre père... ah bien! elle va rire... si vous *auriez* mis le père Baquoy, elle aurait peut-être mieux compris.

PAULINE. Cela ne se fait pas.

BERTRAND, *même jeu.* Je m'en rapporte, ça flattera fièrement le père Baquoy, toujours, que je l'appelle M. votre père

PAULINE, *continuant de lire.* « M'adresser » à M. votre père, afin d'obtenir son assen- » timent à notre union. J'attends votre ré- » ponse, et je serai toujours, ou le plus » affectueux des époux, ou le plus respec- » tueux des serviteurs.   Bertrand. » Cela vous convient-il?

BERTRAND, *frappant du pied.* Ah ben! en v'là une lettre salée!.... Ah! monsieur Paul... mon brave monsieur Paul!.. et dire que vous avez dicté cette lettre-là... tout de suite... sans chercher...(*Il remonte la scène.*) On vient... pliez! pliez... faut pas qu'on save... (*Pauline plie la lettre ; à part.*) En lisant une lettre comme ça, faut qu'elle m'épouse, elle ne peut guère faire autrement.

PAULINE, *lui remettant la lettre.* Tenez.

BERTRAND. Et vous continuerez de l'embrasser, n'est-ce pas?

PAULINE. Oui, oui.

BERTRAND. Oh! merci, c'est pour tisonner un peu sa gaîté, voyez-vous!

On entend parler au dehors.

PAULINE. C'est bien, c'est bien... j'entends bonne maman.

BERTRAND. Avec le commandant, je me sauve.

Il sort vivement par le fond à gauche.

SCENE III.

Mme DE RÉNAC, PAULINE, RICHARD.

RICHARD, *à Mme de Rénac.* Je vous dis, moi, que Paul est toujours le même... Tenez, le voilà...

PAULINE. Bonjour, bonne maman.

Mme de Rénac l'embrasse.

Mme DE RÉNAC, *à Pauline.* Nous parlions de toi, mon enfant... Ecoute, Paul, j'ai de petits reproches à te faire... il y a quelque temps, tu étais un vrai démon, je t'ai grondé et tu as changé, c'est bien, c'est très-bien.

RICHARD, *bas à Pauline.* C'est mal, c'est très-mal.

Mme DE RÉNAC. Mais il ne faut pas maintenant mener la vie d'une jeune fille.

PAULINE. Moi!

Mme DE RÉNAC. Tu ne quittes plus ta chambre, tu passes tes journées à dessiner.

RICHARD, *bas à Pauline.* Ta grand'maman a raison; tu vois bien, morbleu! que tu nous compromettras...

Mme DE RÉNAC. Il ne faut d'excès en rien... tu étais gai, turbulent, trop même, et à présent...

AIR : *Connaissez mieux le grand Eugène.*

Silencieux, rêveur et solitaire,
Dans l'autre excès, Paul, te voilà tombé.
Et si j'ai craint de te voir militaire,
Je ne veux pas de toi faire un abbé. (*Bis.*)
PAULINE, *souriant.*
Oh! pour cela, n'ayez pas peur, grand'mère,
Ne craignez rien...
RICHARD, *qui a remonté la scène* *.
Oh! bien certainement;
Il serait dans un séminaire
Tout aussi mal que dans un régiment.

SCENE IV.

Mme DE RÉNAC, RICHARD, PAULINE, BERTRAND, *qui vient du fond.*

BERTRAND, *accourant.* Madame, M. et Mlle de l'Écluse arrivent de Paris.

PAULINE, *avec joie.* Hyacinthe!.. quel bonheur!..

Elle remonte un peu la scène, et parle à Bertrand d'un ton animé.

Mme DE RÉNAC, *bas à Richard.* Voyez sa joie, son empressement; Richard, que vous ai-je dit? il aime Hyacinthe.

RICHARD, *à part, après avoir fait un mouvement d'impatience.* Il aime Hyacinthe! Enfin elle ne sait pas.

* Mme de Rénac, Richard, Pauline.

BERTRAND, *à M*me *de Rénac*. Et ils désirent vous présenter leur... leur... ah ! quel coquin de mot est-ce qu'ils ont dit donc ?.. leur ramage.

RICHARD, *riant malgré lui*. Leur hommage, imbécile !

BERTRAND. Romage... il est possible... Ils sont là.

Mme DE RÉNAC. Mais qu'ils entrent donc !

Hyacinthe et Léon paraissent au fond.

Mme de Rénac et Bertrand remontent. Mme de Rénac lui parle bas. Pauline fait un mouvement pour aller au-devant d'Hyacinthe : Richard l'arrête et la ramène sur le devant de la scène.

RICHARD, *bas à Pauline*. Où vas-tu donc? pas d'imprudence, ne va pas lui sauter au cou. n'oublie pas que Paul ne parlait à Hyacinthe qu'avec réserve.

PAULINE. C'est juste !.. j'aurais fait une belle équipée !

Hyacinthe et Léon paraissent au fond.

BERTRAND, *annonçant à pleine voix*. M. et Mlle de l'Ecluse !

Il sort par le fond, à gauche.

SCENE V.

Mme. DE RÉNAC, HYACINTHE, LÉON, RICHARD, PAULINE.

Mme DE RÉNAC, *à Léon et à Hyacinthe en allant au-devant d'eux*. Enfin vous avez quitté Paris, et l'été vous ramène auprès de nous.

LÉON. Croyez, madame, que le désir de me rapprocher de votre famille est le seul motif...

Mme DE RÉNAC. C'est trop aimable, monsieur.

RICHARD, *bas à Pauline*. Attention à ton personnage, et n'oublie pas que tu le tutoies.

LÉON, *à Richard en lui donnant la main*. Eh ! ce cher commandant... (*A Paul.*) Eh bien! Paul, tu ne me dis rien ?

PAULINE, *avec embarras*. Mais... si fait... au contraire.... ce cher Léon.... bonjour Léon*.

Richard la pousse.

HYACINTHE, *à part*. Comme il a l'air singulier...

Mme DE RÉNAC, *à Pauline qui se tient serrée auprès de Richard*. En vérité, Paul, si je ne savais l'amitié que tu as pour M. de l'Ecluse, je penserais, à ton air, que son retour te contrarie.

PAULINE. Oh! grand' maman ! (*A Léon.*) Au contraire, monsieur, je...

* Mme de Rénac, Hyacinthe, Léon, Pauline, Richard.

LÉON, *étonné*. Comment, monsieur ?

Richard la pousse avec impatience.

PAULINE, *tendant timidement la main à Léon qui la presse*. Je suis enchanté de vous... de te voir... (*Revenant à Richard, elle lui dit avec anxiété.*) Dieu! que c'est difficile de tutoyer un homme !

RICHARD, *bas et vivement*. Allons ferme, ferme !

Mme DE RÉNAC, *à Pauline, avec l'accent du reproche*. Et Hyacinthe, tu ne la vois donc pas ?.. tu ne lui dis rien ?..

PAULINE, *allant à Hyacinthe, vivement et avec étourderie*. Ah ! cette bonne Hyacinthe !.. que ton retour me fait de plaisir !

*Elle s'avance pour l'embrasser, Hyacinthe se retire par modestie *.*

HYACINTHE, *se reculant un peu confuse et piquée*. Monsieur Paul...

Mme DE RÉNAC, *surprise*. Comment ?..

LÉON, *à Pauline, avec sévérité*. Que signifie ce langage?

RICHARD, *à part, avec humeur*. Allons, cela devait arriver.

PAULINE, *s'avançant un peu*. Pardon !... c'est l'émotion, la joie de vous revoir près de nous.

LÉON, *bas à Pauline*. Il suffit... je sais tout... il faut que je vous parle.

Mouvement d'étonnement de Pauline.

Mme DE RÉNAC, *à Hyacinthe*. Ma chère Hyacinthe, je vois que ces messieurs ont à causer... ils ont sans doute bien des choses à se dire, ils nous rejoindront au jardin. Venez-vous, commandant ?

PAULINE. Mais bonne maman...

RICHARD, *à part*. Que le diable emporte nos aimables voisins!

Mme de Rénac, Hyacinthe et Richard sortent par le fond et se dirigent à gauche.

SCENE VI.

PAULINE, LÉON.

LÉON. Paul, après ta conduite avec ma sœur, l'accueil que tu viens de lui faire m'étonne et m'afflige.

PAULINE. Ma conduite avec ta sœur.... je ne comprends pas.

LÉON. Allons! Hyacinthe me l'a avoué... je sais tout...

PAULINE. Ah bien! par exemple, voilà qui est nouveau!

LÉON. Franchir les murs du parc, pour

* Mme de Rénac, Hyacinthe, Pauline, Léon, Richard.

avoir une entrevue avec elle... l'exposer à rougir devant le jardinier qui t'a surpris à ses genoux!

PAULINE. Moi?.. mais je vous assure que jamais...

LÉON. La dissimulation est inutile, je te l'ai dit, je sais tout... et quoique tu aies méconnu mon amitié, je t'offre le seul moyen de réparer tes torts... (*Lui prenant la main avec affection.*) Je te la donne pour femme; épouse-la...

PAULINE, *étonnée et vivement.* Qui ça?

LÉON. Toi.

PAULINE, *vivement.* Épouser qui?

LÉON, *s'animant un peu.* Hyacinthe!

PAULINE, *au comble de l'étonnement.* Quoi?.. comment... moi?.. (*Elle est saisie d'un rire fou.*) Ah! ah! ah! épouser Hyacinthe... ah! ah! ah!.. l'idée est si bouffonne... ah! ah! ah!..

LÉON. Paul, dois-je renoncer à l'espoir de voir ce mariage s'accomplir?.. répondez!..

PAULINE, *cherchant à prendre son sérieux.* Comment, si vous devez y renoncer... (*Elle rit plus fort.*) Ah! ah! ah! c'est bien la proposition la plus amusante...

LÉON, *se fâchant.* Il suffit, monsieur.... vous avez compromis l'honneur de ma sœur...

PAULINE, *l'interrompant.* Bah!.. (*Elle regarde Léon qui est très-ému et éclate de nouveau.*) Ah! ah! ah! quelle drôle de figure vous avez!...

LÉON, *plus fâché.* Vous me refusez la réparation que j'exige, et vous m'insultez par vos railleries!..

PAULINE, *sérieusement.* En voici bien d'une autre!... (*S'effrayant.*) Eh bien! qu'est-ce qu'il y a donc?

LÉON. Vous comprenez qu'un galant homme ne peut supporter une pareille insulte?

PAULINE, *effrayée.* Comment, vous voulez me tuer?.. (*Elle appelle.*) Mon cousin! mon cousin!..

LÉON. Arrêtez! monsieur, arrêtez!..

◦◦◦◦◦◦◦◦◦◦◦◦◦◦◦◦◦◦◦◦◦◦◦◦◦◦◦◦◦◦◦◦◦◦◦◦◦

SCENE VII.

PAULINE, RICHARD, *venant du fond,* LÉON.

RICHARD, *avec force.* Que diable avez-vous donc à crier ainsi?

LÉON. Rien, commandant, rien.

PAULINE. Oh! rien du tout... seulement, monsieur veut que nous nous coupions la gorge... (*Étonnement de Richard. Pauline lui dit à demi-voix.*) Il dit que j'ai compromis l'honneur d'Hyacinthe.... avez-vous jamais vu?

RICHARD, *à lui-même.* C'est l'affaire du grain de sel... (*Haut.*) Permettez, monsieur Léon...

LÉON. Laissez, monsieur Richard, laissez... je suis désolé que vous soyez dans la confidence de tout ceci... mais il me faut une réparation.

RICHARD, *pendant que Léon parle.* Monsieur Léon, permettez... non, je veux vous dire... (*Avec impatience, quand Léon a fini de parler.*) Sacrebleu! écoutez-moi...

PAULINE, *se serrant auprès de Richard,* Oh! mon Dieu, mon cousin... oh! mon Dieu, mon cousin!...

LÉON, *à Pauline.* Vous tremblez!..

RICHARD, *cherchant à excuser Pauline.* C'est tout simple... l'émotion.... rompre avec un ami.

PAULINE, *bas à Richard.* Non, cousin, c'est la peur...

LÉON, *à Pauline, à demi-voix.* Finissons, si vous ne voulez pas que je publie partout que Paul de Rénac est un lâche!

PAULINE. Un lâche!..

RICHARD. Un lâche!... Ah çà! monsieur Léon, est-ce que vous voulez que je me fâche, à mon tour?... qu'est-ce que c'est donc qu'un enragé comme ça!...

LÉON, *à Richard avec impatience.* Eh! monsieur, je vous en conjure...

Ils remontent tous les deux, et parlent d'une façon très animée.

PAULINE, *à part, changeant de sentiment.* Un lâche! mon pauvre frère, lui si brave, si fier, j'irais le déshonorer!..

LÉON. Eh bien?

PAULINE, *avec effort, et d'un ton résolu.* J'accepte.

RICHARD, *riant.* Tu acceptes.... comment... toi... te battre... ah! ah! ah!... allons, vous êtes des enfans... (*Avec force.*) Allons, donc!..

◦◦◦◦◦◦◦◦◦◦◦◦◦◦◦◦◦◦◦◦◦◦◦◦◦◦◦◦◦◦◦◦◦◦◦◦◦◦◦

SCENE VIII.

PAULINE, RICHARD, HYACINTHE, *venant par le fond,* LÉON.

HYACINTHE, *entrant.* Eh! mon Dieu, que signifie ce bruit... qu'avez-vous?

RICHARD, *à Hyacinthe.* Croiriez-vous que voilà deux amis qui veulent se couper la gorge?..

HYACINTHE. O Ciel!

RICHARD. Oui... mais il paraît que vous êtes pour quelque chose dans cette affaire-là...

LÉON, *animé*. Et si M. Paul le voulait, il nous réconcilierait d'un mot.

PAULINE. Mais je le veux bien.

LÉON. Dites-le donc alors, ce mot.

PAULINE. Lequel ?

LÉON. Ah ! c'est trop fort !

PAULINE, *impatientée*. Oui, c'est trop fort ! je le dis aussi, moi ! Il semble qu'on ait juré de me faire perdre la raison. Tout le monde me condamne sans me dire de quoi l'on m'accuse : on me propose un duel, j'hésite, on me traite de lâche ; j'accepte, on me traite de fou. Et mademoiselle qui se met aussi de la partie ! et on veut que je ne m'emporte pas ! on veut que je reste tranquille au milieu du feu comme une salamandre ! Eh bien ! moi, je prends un parti... je m'en vais.

Elle remonte, Hyacinthe la retient *.

HYACINTHE. Restez, monsieur ! (*A Léon.*) Je comprends que devant toi monsieur ne veuille point convenir.....

RICHARD. Eh ! sans doute, laissons-les seuls un instant ; en une minute ils s'entendront.

LÉON. Mais, monsieur....

RICHARD, *appuyant*. Je réponds de tout.

Hyacinthe prend son frère à part, et paraît le convertir à son projet.

PAULINE, *bas à Richard*. Comment, vous allez me laisser encore ? que voulez-vous que je lui dise ?

RICHARD, *bas à Pauline*. Tout ce que tu voudras ; songe que tu es un homme, et pars du pied gauche. (*A Léon.*) Venez !...

RICHARD *et* LÉON.
ENSEMBLE.

Air :

Allons, laissons-les, en cachette,
Terminer entre eux ce débat.
Pour le succès, une retraite
Vaut souvent mieux que le combat.

HYACINTHE *et* PAULINE.

Malgré moi, je suis inquiète...
Par où commencer ce débat ?
Allons ! ne perdons pas la tête,
Et préparons-nous au combat.

Hyacinthe reconduit Richard et Léon qui sortent par le fond.

ooooooooooooooooooooooooooooooooooo

SCENE IX.
HYACINTHE, PAULINE.

PAULINE, *à part*. Allons, à l'autre à présent !

HYACINTHE, *avec timidité*. Savez-vous, monsieur Paul, qu'il a fallu une circonstance bien impérieuse pour me décider à me mettre dans la position où je me trouve ici avec vous ?

* Richard, Pauline, Hyacinthe, Léon.

PAULINE, *à part*. Et moi donc ? si elle croit que je m'amuse !...

HYACINTHE. Vous voulez donc vous battre avec mon frère, monsieur Paul ?

PAULINE, *à part*. Tâchons d'être un peu mâle. (*Haut.*) Mademoiselle, votre frère m'a insulté... (*Arrangeant son col avec importance*) vous sentez que je ne puis pas passer pour un lâche.

HYACINTHE. Est-on déshonoré parce qu'on ne veut ni tuer un ami, ni être tué par lui ?

PAULINE, *se donnant des airs masculins*. Mademoiselle, votre sexe n'entend rien à ces choses-là... (*elle se promène d'un air important*) rien du tout !

HYACINTHE. Et c'est vous, monsieur, qui voulez ce duel, vous dont la conduite envers moi a causé la colère de mon frère !

PAULINE, *avec impatience*. Ma conduite, ma conduite ; mais qu'ai-je donc fait ?

HYACINTHE. Comment, monsieur, vous ne vous rappelez plus ce qui s'est passé le jour du départ de votre sœur ?

PAULINE, *embarrassée*. Confusément... oui... je...

HYACINTHE. Le matin même, au lever du jour, vous étiez dans notre parc.

PAULINE, *étonnée*. Dans votre parc ?... Oui.....

HYACINTHE. Vous saviez m'y trouver, et au détour d'une allée vous vîntes vous jeter à mes pieds.....

PAULINE, *la regardant avec étonnement*. A vos pieds !... (*A part.*) Ah ! mon Dieu ! (*Haut.*) Oui...

HYACINTHE. Que me dites-vous alors ?

PAULINE, *même jeu*. Mais...

HYACINTHE. Mais répondez donc !

PAULINE, *embarrassée*. Je vous dis..... ma foi..... je ne sais..... j'étais, j'étais fort ému, comme vous pouvez croire.

HYACINTHE. C'est vrai !

PAULINE, *vivement*. Oh ! n'est-ce pas ? et alors... je vous dis... mille choses... ce que je me rappelle le mieux, c'est que je tombai à vos pieds, et que j'étais fort ému !.... (*A part.*) Qu'est-ce que Paul a pu lui dire dans une pareille posture !...

HYACINTHE. Et ces baisers sur ma main.

PAULINE, *à part*. Paul l'aime donc ?

HYACINTHE. Et cette prière de garder le silence sur votre témérité.....

PAULINE. C'est que... j'avais peur qu'on ne le sût..... voilà pourquoi...

HYACINTHE. Escalader un mur !... et si l'on vous avait surpris....

PAULINE, *cherchant à se donner de l'aplomb*. Que voulez-vous ! (*A part.*) Je n'y comprends rien du tout, c'est du grec !

HYACINTHE. Eh bien! monsieur, le père Baquoy vous a vu! et par son indiscrétion, mon frère a appris votre amour.

PAULINE. Mon amour?

HYACINTHE. Et cela, au moment où Léon était sur le point de me marier.

PAULINE. Vous marier?

HYACINTHE. Oui, monsieur, dans huit jours je dois être la femme d'un autre.

PAULINE, *à part*. Dans huit jours!... Ah! mon Dieu!... Plus de doute, Paul l'adore! et en son absence on la lui ravirait?... non, je ne dois pas le souffrir, (*Haut, très-vivement et cherchant à prendre le ton d'un garçon.*) Hyacinthe! les apparences m'accusent; mais mon cœur est à vous.

HYACINTHE. Quel langage!

PAULINE, *de même*. Des motifs très-graves..... m'ont empêché de me déclarer ouvertement..... (*avec passion*) mais je vous en conjure, n'épousez pas ce monsieur, ou vous ferez mon malheur, (*avec entraînement.*) et si vous autorisez ma conduite, eh bien! je ferai tout au monde pour vous prouver que je ne suis pas un trompeur, mais un bon jeune homme, rempli d'amour et des plus brillantes qualités!

HYACINTHE. Mais cet éloge...

PAULINE, *de même*. Je sais bien que dans ma bouche il peut paraître suspect; mais c'est que c'est si vrai!

HYACINTHE. Et si je vous crois, vous ne vous battrez pas avec Léon?

PAULINE. Grand Dieu! mais je ne demande pas mieux.

HYACINTHE. Paul, tenez, ce mot-là vaut tous les autres! et vous m'aimerez bien vrai?

PAULINE, *avec transport*. Toujours! comme une sœur, (*se reprenant*) comme le plus tendre des époux... et en voici la preuve.

Il lui saute au cou, tandis que Pauline tient Hyacinthe embrassée, tout le monde paraît.

SCENE X.

Mme DE RÉNAC, HYACINTHE, LÉON, PAULINE, RICHARD, *ils viennent par le fond.*

RICHARD, *avec joie*. Bravo!

LÉON ET Mme DE RÉNAC. Comment!

HYACINTHE, *se dégageant et jetant un petit cri*. Ah!

PAULINE, *à part*. Ma foi, on m'a dit d'embrasser les jeunes filles.

* Mme de Rénac, Hyacinthe, Léon, Pauline, Richard.

RICHARD. Quand je disais qu'ils s'entendraient, j'en étais sûr.

LÉON, *à Pauline*. Vous m'expliquerez enfin...

RICHARD. Ah! pas de rancune, voyons! il y a flagrant délit de réconciliation...

PAULINE, *d'un ton dégagé*. Oui, mon cousin, si grand'maman y consent et que M. Léon ne s'y oppose pas...

LÉON. Quoi donc?

PAULINE, *avec entraînement*. J'épouse mademoiselle de l'Ecluse!...

Tout le monde jette un cri de satisfaction, excepté Richard qui est stupéfait.

ENSEMBLE.

AIR *du comte Ory.*

LÉON, Mme DE RÉNAC *et* HYACINTHE.
O ciel! est-il possible!
Quel bonheur, quel bonheur!
A notre vœu sensible,
Il engage son cœur.

RICHARD.
O ciel! est-il possible!
Quelle erreur, quelle erreur!
Et ce projet risible,
Me glace de frayeur!

PAULINE.
Oui, la chose est possible,
Par bonheur! par bonheur!
Indiquant Richard, à part.
Mais ce projet risible
Le frappe de stupeur!

Mme DE RÉNAC, *avec joie*. Ah! j'avais deviné!

RICHARD, *stupéfait*. Toi!... tu veux!... épouser!...

PAULINE, *d'un ton dégagé*. Je l'aime avec passion, moi! cette chère Hyacinthe!

RICHARD, *bas à Pauline*. Tu es donc folle de compromettre ainsi ton frère, qui ne peut pas la sentir!

PAULINE, *vivement*. C'est ce qui vous trompe.

LÉON, *à Pauline, lui prenant la main*. Paul! ta conduite est celle d'un galant homme.

PAULINE. A ma place, je ne doute pas que tu n'en eusses fait autant.

LÉON. Oh! d'abord, moi, jamais je ne me serais mis dans cette position: j'ai trop de respect pour Mlle Pauline.... trop d'amour...

PAULINE, *très-surprise et avec émotion*. Quoi!.. vous aimez Pauline?... Tu aimes ma sœur?

HYACINTHE. Au point que j'en suis jalouse... il ne pense qu'à elle!

Mme DE RÉNAC. Et pourquoi ne vous être pas déclaré?

LÉON. Ah! madame, mon désir le plus cher serait d'appartenir à votre famille.

PAULINE Allons donc !...

RICHARD. Y penses-tu?

PAULINE, *à Léon.* Oui, et je crois que... au retour de ma sœur... si tu te présentais à elle... et que tu lui disses...

RICHARD. Quoi?

PAULINE. Je ne sais pas, moi... ce qu'on dit en pareil cas... Tu ne serais pas mal accueilli. (*Regardant en souriant Richard qui a l'air confondu.*) Tiens, demande au commandant si ce n'est pas là l'opinion de ma sœur, lui qui sait ce que Pauline pense.

Elle s'éloigne en riant, Léon passe entre Pauline et Richard.

LÉON, *avec joie à Richard.* Monsieur, monsieur, serait-il vrai?

RICHARD, *confondu.* Ma foi, que diable voulez-vous que je vous dise? (*A part.*) Je n'y suis plus du tout...j'ai perdu le mot de ralliement.

LÉON, *sautant au cou de Pauline.* Paul! mon ami, je te dois plus que la vie!

PAULINE, *cherchant à se débarrasser des étreintes de Léon.* Eh bien! eh bien!

RICHARD, *retenant Léon.* Eh bien! eh bien! eh bien!... Comme il y va!

Il fait passer Léon à sa gauche.

Mme DE RÉNAC, *à Richard.* Eh bien! monsieur l'entêté, j'avais raison.

LÉON, *à Pauline.* Et ce n'est pas trop de hâter ton bonheur, pour prix de celui que tu me promets.

Mme DE RENAC. Certainement.

RICHARD. Rien ne presse, que diable! le feu n'est pas à la maison.

Mme DE RÉNAC, *à Richard, en s'avançant, tandis que Pauline et Léon causent ensemble un peu à gauche.* Ah! pour n'en avoir pas le démenti, vous ferez tous vos efforts pour empêcher ce mariage.

RICHARD. Mais, ma bonne cousine, songez donc que l'avenir de Paul n'est pas assuré.

Mme DE RÉNAC. Et c'est pour cela que je ne veux pas laisser échapper l'occasion de fixer son sort.

RICHARD. Mais, morbleu! écoutez-moi.

Mme DE RÉNAC. Après la noce.

TOUS, *à Richard.* Après la noce, après la noce!...

Mme de Rénac, Hyacinthe et Léon sortent par le fond, et se dirigent à gauche.

RICHARD, *retenant Pauline*.* Reste donc, tu ne vois pas où cela va?

PAULINE, *gaîment.* Si fait, ça va à l'église et à la mairie.

* Pauline, Richard.

RICHARD. Et tu signeras?

PAULINE. Certainement. (*D'un ton railleur.*) Il faut bien soutenir mon personnage. (*En sortant.*) C'est un parti magnifique... Après la noce, cousin, après la noce.

Elle sort par le fond et se dirige à gauche.

SCENE XI.

RICHARD, *seul.*

Allons, me voilà gentil avec cette folle-là !... C'est qu'elle est capable de signer comme elle le dit... et sa grand'mère n'en démordra pas ; il faudrait donc tout dire à Mme de Rénac : c'est le plus impossible de tous les moyens... il n'y aurait jamais assez d'éther et de fleur d'orange dans le département pour nous tirer d'affaire. Ah! ventrebleu! ventrebleu!

SCENE XII.

RICHARD, BERTRAND, *accourant; il arrive par le fond.*

BERTRAND, *entrant tout joyeux.* Elle l'a, commandant, elle l'a !

RICHARD, *brusquement.* Qu'est-ce que c'est? quoi? qui?

BERTRAND. Ma bonne amie, elle en est satisfaite.

RICHARD. Satisfaite de quoi?

BERTRAND. De la lettre. Je lui ai écrit; ça lui a fait un effet!.. L'idée du mariage, ça *influe* beaucoup les filles... Elle m'a dit qu'elle viendrait lui parler.

RICHARD. Parler à qui? à la lettre?

BERTRAND. Non, mon commandant ; à M. Paul. Je l'ai trouvée dans l'antichambre.

RICHARD. Paul?

BERTRAND. Non, mon commandant; ma bonne amie... C'est en revenant, je l'ai rencontré dans la grande allée, qui riait aux éclats.

RICHARD. Marguerite?

BERTRAND. Non, mon commandant; M. Paul... il paraît que ça marche, les mariages... J'ai cru qu'il vous cherchait... c'est pour ça que je paie tantôt un canard aux navets au père.

RICHARD, *impatienté.* Ah çà! quel galimatias me fait-il là? Qui, le père?

BERTRAND. Le père Baquoy.

RICHARD, *riant.* C'est lui qui me cherche?

BERTRAND. Non, mon commandant.

RICHARD. Ah çà! butor, t'expliqueras-tu? ce n'est pas le canard probablement qui me cherche?

BERTRAND, *riant niaisement.* Oh! non, mon commandant; c'est M. Paul qui riait; alors j'ai cru qu'il vous cherchait...

RICHARD. L'animal! (*A part.*) Allons, je n'ai que ce moyen, parler sérieusement à Pauline, la faire renoncer à son dessein.

BERTRAND, *à part.* C'est si bon, quand ce n'est pas trop cuit!

RICHARD, *revenant à Bertrand.* Où l'as-tu laissé?

BERTRAND. A la Tête-Noire.

RICHARD. Comment à la Tête-Noire?

BERTRAND. C'est qu'ils ont un fil pour ça!... avec des petits lardons... mais c'est cher : ils me demandent cinquante-cinq sous.

RICHARD, *très-impatienté.* Paul te demande cinquante-cinq sous!.. Qu'est-ce que tu dis?

BERTRAND. Non, mon commandant; pour le canard.

RICHARD, *furieux.* Mais, butor, tu le fais donc exprès pour me faire damner! C'est de Paul que je te parle; je te demande où tu l'as vu?

BERTRAND, *comprenant.* Ah!.... Dans la grande allée... Fallait me dire plus tôt que c'était de M. Paul. (*D'un ton fâché.*) Vous me parlez d'une chose et puis d'une autre personne..... je ne peux cependant pas deviner...

RICHARD, *au comble de l'emportement.* Buse! animal! cruche!

BERTRAND, *stupéfait.* Ah!...

RICHARD, *de même, en sortant par le fond, à gauche.* Niais, cuistre, paour, imbécile, stupide, brute, crétin!

<hr>

SCENE XIII.

BERTRAND, *seul, le regardant tranquillement s'éloigner.*

V'là tout ce qu'il a de disponible pour le moment? Brave homme, mais parfaitement brutal!... Comme il va! comme il va!... il veut rejoindre M. Paul... Avec leur projet de mariage, ils ont peut-être bien cinquante misères à préparer. (*Il regarde par la fenêtre à gauche. L'orhestre exécute un tremolo jusqu'à l'arrivée de Paul.*) Tiens, les voilà ensemble; comme ils gesticulent, surtout le commandant!.. Eh bien! ce mariage-là me vexe. M. Paul une fois marié, j'ai peur qu'il n'embrasse plus Marguerite et qu'elle ne redevienne mon-

rose. Oh! cette idée-là me taquine et me privera réellement de sommeil... Il faut absolument que je voie M. Paul, que je connaisse ses intentions avant la noce...Le voilà tout seul. Rejoignons-le et attendrissons-le.

Il sort par la gauche.

<hr>

SCENE XIV.

PAUL, MARGUERITE.

Ils entrent par le fond et viennent de la droite.

PAUL, *entrant le premier. Il porte exactement le même costume qu'à son départ, au premier acte. Avec une joie très-marquée.* Enfin me voici de retour, après trois mois d'absence. Eh bien! Marguerite, je suis Paul... Me reconnais-tu, maintenant?

MARGUERITE. Comment! il serait possible! et moi qui vous croyais ici!

PAUL. Chut! c'est encore un mystère...

Il ôte son manteau qu'il remet à Marguerite, il a posé son chapeau sur une chaise.

MARGUERITE. Aussi je disais : Comme il est changé!

PAUL.

AIR d'*Antoine.*

Oui, je reviens, pour moi c'est un beau jour,
Et dans mon cœur qui jamais l'eût pu croire?
Dois-je en rougir, le bonheur du retour
A remplacé mes souvenirs de gloire.
Ah! s'il est beau de servir son pays, (*bis.*)
Il est plus doux de revoir ses amis, (*bis.*)
Il est plus doux d'embrasser ses amis.

Ma chère Marguerite!...

Il l'embrasse.

<hr>

SCENE XV.

LES MÊMES, BERTRAND, *entrant par la gauche.*

BERTRAND, *voyant Paul embrasser Marguerite.* Bravo, ah, bravo!

MARGUERITE, *jetant un cri.* Ah!... Bertrand!

Elle se sauve par le fond à droite.

<hr>

SCENE XVI.

BERTRAND, PAUL.

BERTRAND, *très-surpris.* Ah çà! quel chemin que vous avez pris?... Je viens de vous parler dans le jardin, je rentre et puis, crac! au même moment je vous vois embrasser Marguerite... Ah! mon brave monsieur Paul, allez!

PAUL, *gaîment et lui frappant sur l'épaule.* Bonjour, imbécile, bonjour.... Dites-moi...

BERTRAND. Vous me dites bonjour : elle est bonne, la farce!.. Allons, allons, je l'admets.

PAUL. Et... et... grand'mère, le commandant... enfin tout le monde va bien?

BERTRAND, *à part.* La farce continue. (*Haut.*) Mais, comme vous voyez, c'est moi le plus malade.

PAUL, *à part avec joie.* Je respire. J'étais d'une inquiétude!... Depuis un mois pas de nouvelles... Enfin je suis licencié et je vais les embrasser. (*A Bertrand, en essuyant la poussière de ses bottes.*) Où est grand'mère?

BERTRAND. Dam! avec Mlle de l'Écluse, bien entendu.

PAUL, *à part.* Hyacinthe ici!

BERTRAND. Elles s'occupent conjointement de la corbeille et autres plaisanteries de noce.

PAUL. Elle se marie?

BERTRAND, *après l'avoir regardé un moment en face, à part.* Ah çà! est-ce que ça lui aurait déjà tapé sur le chef?

PAUL, *agité.* Et le commandant... dites-moi où est le commandant? il faut que je le voie.

BERTRAND. Mais il me semble que.... vous étiez ensemble tout-à-l'heure là-bas. (*Il regarde par la fenêtre.*) Eh bien! eh bien! qui est-ce donc qui est avec M. Richard?... C'est vous... et vous voilà ici.... Je louche donc!

PAUL, *à part, regardant par la fenêtre.* Ciel! ma sœur!... ah! c'est juste*.

BERTRAND. Mais c'est impossible... mais ça n'est même guère croyable. (*Jetant un cri.*) Ah! j'y suis. Faut-il que je sois bête!

PAUL. Mais oui; chut!

BERTRAND, *riant.* Ah! mademoiselle Pauline, en v'là un de tour... et un bon! Vous avez pris l'habit de M. Paul pour voyager en sûreté... Vous arrivez de chez votre tante... Ah bien! madame rira; elle sera à mille lieues de vous reconnaître, cette bonne respectable femme!

PAUL. Il me prend pour Pauline... Silence, Bertrand, silence!

BERTRAND. Mademoiselle Pauline, sans vous commander, je vous trouve maigrie; vous n'êtes pas si boulotte qu'avant. C'est comme Marguerite... Vous ne savez pas? je l'épouse probablement, ma foi de Dieu, comme je vous le dis.

PAUL. Marguerite?

----

* Paul, Bertrand.

BERTRAND. Aussi vrai que M. Paul se marie.

PAUL. Se marie! avec qui?

BERTRAND. Avec Mlle Jacinthe.

PAUL, *vivement.* Comment!... que dis-tu là?

BERTRAND. Ah! c'est juste, mademoiselle Pauline, vous arrivez, vous ne savez pas. C'est convenu d'aujourd'hui.

PAUL, *à part avec joie.* Il serait possible! en mon absence, grand'mère aurait arrangé mon mariage! (*A Bertrand avec beaucoup d'exaltation.*) Bertrand! tu m'as appris le premier... tu es mon bon génie. (*Il l'embrasse.*) Épouse Marguerite, et compte sur moi!

BERTRAND, *avec joie et stupéfaction.* Mlle Pauline m'a embrassé... ah! sacrelotte, je vas conter ça à Marguerite et aller commander l'objet à la Tête-Noire, pour la séduction du père... aux navets...

Il sort vivement par le fond à droite.

PAUL, *seul.* Tant de bonheur... ah! c'est à n'y pas croire!..

❄❄❄❄❄❄❄❄❄❄❄❄❄❄❄❄❄❄❄❄❄

SCENE XVII.

PAUL, Mme DE RÉNAC, *puis* HYACINTHE.

Elles entrent par la porte à droite.

Mme DE RÉNAC, *à la cantonnade.* Oui, mon enfant, oui, tout est convenu...... et le contrat...

PAUL, *apercevant Mme de Rénac, se jette dans ses bras avec émotion.* Grand'mère!..

Mme DE RÉNAC. Allons, mon enfant, allons, remets-toi; je conçois ton émotion.

PAUL, *très-ému.* Non, oh! non, vous ne savez pas... (*Il l'embrasse encore avec effusion, puis il dit à part :*) Pauvre bonne mère! il y avait si long-temps!..

Mme DE RÉNAC, *l'examinant.* Comment! en redingote! un jour comme celui-ci, quand il s'agit de signer ton contrat de mariage!

PAUL, *exalté.* C'est donc bien vrai?... je ne l'ai donc pas rêvé?

Mme DE RÉNAC. Mais tu le sais bien; tiens, voilà ta future!

PAUL, *exalté, à Hyacinthe qui entre.* Hyacinthe! Hyacinthe! Ah! que je suis heureux! je vous épouse, moi, Paul! je vous épouse!.. Bonne maman, partagez donc ma joie, mon bonheur... j'épouse Hyacinthe!

Mme DE RÉNAC. Mais sans doute.

HYACINTHE. Qu'y a-t-il donc? Tout n'est-il pas convenu?

PAUL, *très-exalté.* Et vous prenez ça

tranquillement! Mais je renais à la vie! mais c'est une résurrection! mon existence entière ne suffira pas pour lui prouver mon amour!

HYACINTHE. Je l'espère bien.

SCENE XVIII.

Mme DE RÉNAC, PAUL, HYACINTHE; LÉON et RICHARD, *entrant par le fond.*

LÉON, *à Richard, discutant et s'arrêtant au fond.* Comment, monsieur, vous saviez que c'était Pauline!.. et vous ne vous êtes pas opposé à ce ridicule projet de mariage?

RICHARD. Mais, corbleu!..

PAUL, *allant vivement à eux et leur prenant la main.* Léon! mon ami! mon beau-frère!.. Moi, moi, ton beau-frère!... (*A Richard.*) commandant!..

RICHARD, *amenant Paul, à gauche* *. Allons!... il sait tout... la mèche est éventée.

PAUL. Quelle mèche?

RICHARD. Va mettre tes jupons et que ça finisse.

PAUL. Comment! des jupons... pour me marier?

Mme de Rénac, Léon et Hyacinthe causent entre eux.

RICHARD, *impatienté.* Mais tu sais bien que ce mariage est impossible.

Il va prendre place entre Hyacinthe et Mme de Rénac.

Mme DE RÉNAC et HYACINTHE. Impossible!

PAUL, *vivement et prenant la main d'Hyacinthe qu'il serre contre sa poitrine* **. Comment, impossible!.. On ne veut pas que je me marie? Eh bien! qu'on vienne s'y opposer... J'épouse Hyacinthe malgré vous, malgré tout le monde... Ah! ventrebleu! vous ne me connaissez pas!..

LÉON, *étonné.* Elle jure!

PAUL. Et si l'on me résiste, il y aura du scandale; je battrai le maire, je battrai l'adjoint, je battrai le greffier, le bédeau... un carillon d'enfer.... J'enlève Hyacinthe et nous nous marions... nous nous marions... et nous nous marions!..

Mme DE RÉNAC. Mais, enfin, pourquoi le mariage de Paul est-il impossible?

RICHARD, *fort embarrassé, et sachant à peine ce qu'il dit.* Pourquoi? pourquoi?... Demandez à M. Léon, c'est... c'est lui qui s'y oppose,.. il a ses raisons.

PAUL et HYACINTHE, *se tournant vers Léon.* Ses raisons!

* Paul, Richard, Mme de Rénac, Hyacinthe, Léon.
** Mme de Rénac, Richard, Paul, Hyacinthe, Léon.

Mme DE RÉNAC. Lesquelles?

RICHARD, *de même.* Il ne peut pas les dire... mais elles sont très-bonnes.

Cette hésitation de Richard qui doit être très-animée, très-chaleureuse, doit se continuer pendant tout le dénouement et en allant crescendo.

Mme DE RÉNAC. Mais enfin...

RICHARD. Mais enfin... mais enfin... (*Frappant du pied.*) Oh! quel supplice!... quel supplice!

Mme DE RÉNAC. Parlez!

PAUL. Oui, qu'est-ce que c'est?

RICHARD. Eh bien! puisqu'on ne peut rien vous cacher, puisque vous avez la rage de tout savoir, c'est que... (*Prenant la main de Paul et le repoussant.*) C'est que Pauline ne peut pas épouser Hyacinthe.

TOUS, *excepté Léon et Paul.* Que dit-il?

PAUL, *à part.* Oh! je devine tout!

RICHARD. Allons, allons... voyons, cousine, soyez... soyez raisonnable... il n'y a que patience à prendre... Paul reviendra.

Mme DE RÉNAC, *avec effroi.* Comment, il reviendra?

RICHARD. Que diable! quand l'empereur commande, il faut obéir... si l'empereur vous demandait de partir, vous seriez bien obligée...

Mme DE RÉNAC, *de même.* Mais que parlez-vous de Paul? le voilà!

RICHARD, *avec force.* Eh! non, ne le voilà pas.

PAUL, *à part.* Pauvre commandant! il ne s'en tirera jamais!

Mme DE RÉNAC. Mais où est-il donc?

RICHARD, *très-impatienté.* Eh bien! il est parti!

Mme DE RÉNAC. Parti!

RICHARD. Il a combattu sous les yeux de Napoléon... il est à l'armée, là!...

Richard remonte la scène..

Mme DE RÉNAC, *tombant sur une chaise, et presque défaillante. Hyacinthe va à elle*.* Grand Dieu! mon Paul à l'armée!

Pendant cette dernière partie, Paul veut parler, il tire l'habit de Richard qui le repousse toujours.

PAUL, *allant vivement à Mme de Rénac,* Rassurez-vous, bonne grand'mère, Paul est revenu il s'est distingué, il a été blessé.

TOUS. Blessé!

Mme de Rénac se lève.

* Hyacinthe, Mme de Rénac assise, Paul, Richard, Léon.

PAUL.

Air *d'Arwed.*

Puis il s'est dit : on ne fait plus la guerre;
L'aigle est aux cieux remonté pour toujours,
Jetons l'épée et volons vers grand'mère,
Comme on revient à ses premiers amours.
Si grand'maman, que mon départ chagrine,
Me reprochait ces trois mois d'abandon,
Elle verra la croix sur ma poitrine,
Et je suis sûr d'obtenir mon pardon.

Il ouvre sa redingote et fait voir la décoration de la Légion-d'Honneur. (C'est ici le sujet de la gravure. Il faut remarquer cependant que le dessinateur, qui a reproduit les costumes avec exactitude, n'a pas placé les personnages comme au théâtre, et qu'il faut se conformer pour la mise en scène aux indications données par la brochure.)

TOUS. Quoi ! comment ?

PAUL. Mais c'est moi... j'arrive... je ne vous quitte plus.

TOUS. Paul !

Mme DE RÉNAC. Mon enfant ! ah ! je n'ai pas la force de t'en vouloir.

RICHARD, *au comble de la joie en prenant les mains de Paul.* Mais que je te regarde... que je te regarde !.. Et tu t'es bien battu ?

PAUL. Ah ! je vous en réponds.

RICHARD. Et tu as la croix ? (*A Léon.*) Ah ! il peut se marier à présent, et pour tout de bon.

Paul prend la main d'Hyacinthe. Toute cette scène doit être jouée avec une extrême chaleur, en remarquant toutefois que Richard doit plutôt animer qu'aller vite.

FIN.

SCENE XIX.

LES MÊMES, BERTRAND, *venant de la droite et se plaçant à l'extrême gauche.*

BERTRAND. Ah ben! en voilà-t-il une farce! en voilà-t-il une bonne farce! c'est donc le carnaval? M. Paul qui s'habille en femme dans sa chambre !

TOUS *riant.* C'est Pauline !

Mme DE RÉNAC. Enfin, je vais donc voir mes enfans réunis !

BERTRAND. Et Marguerite qui pleure! elle veut quitter le service de M. et Mlle de l'Écluse. Oh! que nous avons des personnes bêtes dessus la terre, mon Dieu!

PAUL. Grand'mère, lui trouvera une autre condition.

BERTRAND. A la bonne heure, Mlle Pauline, mais, M. Paul marié, qui est-ce qui la régayera?

PAUL. Vous, Bertrand.

BERTRAND. Vous ne connaissez pas Marguerite comme moi, elle végétera.

CHOEUR.

Air : *Chœur final du 1er acte de Pierre-le-Rouge.*

Ne songeons qu'au plaisir,
Le bonheur va renaître,
Et faisons disparaître
Tout fâcheux souvenir.

PAUL, *au Public.*

Air *du Matelot* (de Mme Duchambge).

Ma sœur, ici, jouait mon personnage,
Tandis que, moi, je courais au danger.
Vous supplier pour un double suffrage,
Ah! ce serait, messieurs, trop exiger.
Oui, pour un seul, gardez votre indulgence;
Prononcez-vous, et, quel que soit, pourtant,
Celui des deux pour qui tourne la chance,
Soyez-en sûrs, l'autre sera content.

REPRISE DU CHOEUR.